メルケル 仮面の裏側

ドイツは日本の反面教師である

川口マーン惠美
Kawaguchi Mahn Emi

PHP新書

プロローグ

〈アンゲラ・メルケルのインタビュー？　アンゲラ・誰だって？

　１９９４年、『シュピーゲル』誌の編集者、ディトマー・ピーパーがコール政権の青少年・婦人大臣のインタビューを提案したとき、それを良いアイデアだと思った人は少なかった。

　話が下手で、身の丈に合わない重任を背負ってしまったように見える、服装のセンスの悪い、いつも目の下に隈をつくっている、あの東ドイツの女性？　女性と、東ドイツ出身者の比率を増やさなければならないという条件を満たすために引っ張り出された、あのコールの小間使いだろう？　彼女が何か有意義なことを語れるとでもいうのか？　まあいいだろう。やってみるだけ、やってみよう……と、今や西ヨーロッパで最長の任期を誇る首脳メルケルとの最初のインタビューは、こういうふうに決まった。

　そしてピーパーは、ボンにいる同僚ウルズラ・コッサーと共に、メルケルの事務所を訪れ、驚愕した。「我々が出会ったのは、当時、一般に知られていた姿とも、また、公開されていた写真とも、全く違った女性だった」。理知的で、温かい眼差し、溢れるユーモア、当意即妙の受け答え、そして、時にちょっと生意気〉

以上は、2017年1月に出た『シュピーゲル』誌の別冊「アンゲラ・メルケル」の冒頭部分である。

アンゲラ・メルケル――。

私は今、この稀有な政治家について書こうとしている。

1989年、消えゆく東ドイツの混沌の中で誕生した謎の人物。米『フォーブス』誌のランキングでは、この9年間連続で「世界で一番影響力のある女性」だ。

ベルリンの壁の崩壊とともに彗星のように現れ、時のコール首相にその才を見出され、東西ドイツの統一とともに出世階段を駆け上ったとされる。2005年、メルケルがSPD（ドイツ社会民主党）のゲアハルト・シュレーダーを破って首相に就任したとき、私は心の中で喝采した人間の一人だった。そのメルケルが、今では世界の民主主義の守護者と言われる。EU（欧州連合）がメルケル無しでは機能しなくなってすでに久しい。

20年この方、私はこの稀有な女性をずっと見てきた。最初は無意識に、その後は絶大な関心とともに。

その間にメルケルはどんどん変貌していった。今ではもう、最初の面影もないほどだ。彼女は民主主義の守護者を卒業し、もはや人権の擁護者でも、おそらく環境保護者でもない。だから、まず結論を言うなら、「日本人はメルケルを誤解している」。

いったい何が起こったのか？　メルケルとは何者か？　彼女を取り囲む異色の伝説の数々は、はたしてどこまでが真実なのだろう。このような首相を生むドイツとは、いったいどういう国なのか？　そのドイツに率いられたEUは、どこへ向かっていくのか？

EUとは、1990年の東西ドイツの統一が引き金になり、それまでのEC（欧州共同体）が93年に再編成されたものだ。想像しうるあらゆる理想を一身に背負ったEUは、自由と平等と豊かさの溢れる素晴らしい民主主義共同体になるはずだった。ただ、27年が過ぎた今、それは計画通りには進んでいない。

EUには構造上の矛盾が多過ぎるし、理念と現実との乖離《かいり》も激しい。加盟国が増えるにつれ不協和音が高くなり、掲げられた理想は潰《つい》え、かつての目玉であった共通通貨ユーロまでが、かえってEU内の貧富の差を広げる結果となった。そして強制的に押し付けられた「連帯」が、加盟国の上に重石のように伸《の》し掛かり、そのEUの臨終を遅らせるために、あちこちに点滴のように大金が注ぎ込まれているような状況だ。こんなことが永遠に続けられるはずはない、と誰もが気づき始めた。

ところが、その八方塞がりの中、奇しくもEUのメリットを最大限享受し、ひとり勝ちとまで言われたのがドイツだ。東西ドイツが統一してからまもなく31年。そのうちの16年がメルケルの治世である。そして、EU28年のうちの16年もメルケルの治世。つまり、EUの栄光と蹉跌《さてつ》、そして統一ドイツの成功は、大いにメルケルの指導力と関係している。

しかし、私は、そのメルケル政治が布石となって、いずれEUは思わぬ転換を遂げるだろうと予測する。パラダイムシフト？　それとも21世紀のカタストロフ……？

1989年、ベルリンの壁が落ちたとき、東西ドイツの国民は祖国の統一を期待し、抱き合って泣いた。それは傍から見ていても、胸が熱くなるほど感動的なシーンだった。統一の立役者は、もちろんコール首相。

ただ、コールの晩年は、統一の偉業には相応しくない悲惨なものとなる。ちなみに、コール失脚の鍵を握ったのが、他でもないメルケルだった。それについては後述する。

首相となったメルケルは、2011年の福島の原発事故の直後に、突然、22年までにドイツのすべての原発を止めると決めた。それを知った国民は狂喜し、世界のお手本になるのだと胸を張った。15年、メルケルが中東難民の無制限の受け入れに踏み出したときも同様だった。国民はそこに自分たちの高邁なモラルを投影して高揚した。

ただ、結論を言うなら、そのいずれの時も、国民の熱狂はあっという間に冷めた。それどころか彼らは、自分たちの熱狂を思い出すことさえない。たとえば2020年9月、各紙面は5年前の難民騒ぎを振り返る記事で賑わったが、その描写は驚くほどよそよそしく、「2015年を繰り返してはいけない」など、ひどく白けた、まったく感情の伴わないものだった。

しかし現実として、これらドイツ発の政策は、少なからず隣国を巻き込んだ。そして、それが多くの国に、ドイツという国の特殊性を思い出させることになった。隣人たちが未だにドイツへの警戒心を緩めない背景には、こういう予測不能の行動に対する不信感が根強くあるのではないか。ドイツ国民は、良かれと思って行動していても、なぜかふと、常軌を逸してしまう。

メルケルは2021年の秋に引退する予定だが、その治世16年の間に、ドイツはずいぶん変わった。変化は3つだ。社会主義化、中国との抜き差しならない関係、そして、誤解を恐れずに言うなら、ソフトな全体主義化。つまり、反対意見が抑え込まれ、活発な討論ができない雰囲気がいつの間にか出来上がりつつある。

実は、この現象はフランスでもアメリカでも、いや、世界の多くの場所で同時進行している。ただ、マクロン仏大統領はメルケルほど辣腕ではなかったし、フランス国民はドイツ国民とは思考回路が違ったからか、イエローベスト運動が巻き起こり、社会は混乱した。一方、米国ではオバマ―クリントン政権が同様の動きを進めた結果、トランプ大統領の登場を招いた。そして、今ではフランスもアメリカも、国民の世論が真っ二つに分かれた不安定な状態に陥《おちい》ってしまった。

それに比べると、ドイツはまだまだ平穏だ。国民の多くはメルケルという首相を持ち得たことを誇りに思っている。しかも、メルケルへの信頼は、リベラル層、インテリ層ほど高い。彼女はあたかも魔法のように、多くのドイツ人の思考を変えてしまった。そして、時たま不穏な事件が起これば、その原因は、今やごく自然に右派の思想の中に発見される。

ただ、その副作用として、ドイツは自由を失いつつある。かつてライバルであったCDU（キリスト教民主同盟）とSPDは、連立が長期化し過ぎて呉越同舟状態だし、野党のはずの緑の党は信条的にメルケルと一番フィーリングが合うという不思議な現象がまかり通る。

そして、唯一のコアな野党AfD（ドイツのための選択肢）には極右のレッテルが貼られ、叩くか無視する以外は許されないという状態だ。つまり、ドイツ社会は次第に中道保守を離れ、すでに中道左派さえ通り越し、今や、異なった意見を受け入れないという危険な水域に入り込もうとしている。

ところが、多くの国民はそれに杳《よう》として気づかない。

そこでまた最初の問いに戻ってしまう。いったい何が起こったのか?

ドイツ以外でメルケルが高く評価されているのは、ヨーロッパでもアメリカでもなく、日本だ。メルケルは、日本に経済的利益をもたらしてくれているわけでも、それほど好意的なわけでもない。権力の座について以来、中国にはせっせと通って蜜月の関係を築いてきたが、日本にはほとんど寄り付きさえしなかった。それでもなぜか、日本にはメルケル・ファンが多く、偉大な名君として名を馳せる。何かにつけ、ドイツを手本にしろという声も高い。

しかも困ったことに、本当に手本にしようと思っている人たちがいる。昨今の日本とドイツの姿には、すでに類似点も多い。急激に中国の影響が増大し、静かに左傾化が進み、さらには、違った意見が封殺されるという傾向は、私の目には、まさに日独の新しい負の共通点と映る。

いったいドイツでは何が起こっているのか?

ドイツはどこへ行こうとしているのか?

日本はそれとどう対峙し、何を学ぶべきか？
そして、日本はどう行動すれば良いのか？
その回答の鍵を握るのが、メルケルである。
メルケルとはいったい何者か？
このスリリングな謎解きに、読者にも加わっていただければ幸甚である。

メルケル　仮面の裏側

ドイツは日本の反面教師である

目次

文中の敬称は省略した。人物の肩書きや所属、為替レートは執筆当時のもの。

本書に登場するドイツの主要政党

ドイツキリスト教民主同盟：CDU（Christlich Demokratische Union Deutschlands）
EU最大の保守政党。2000年より2018年までメルケルが党首を務める。自由と安全保障を重視。社会的市場経済主義を目指す。バイエルン州に支部を持たない。

キリスト教社会同盟：CSU（Christlich-Soziale Union in Bayern e.V.）
バイエルン州だけにある保守政党。宗教色が強く、バイエルン州の伝統を重視。州民の権利と自由を守る強い州政府を目指す。

●以上2党が、キリスト教同盟会派（CDU/CSU）として、常にコンビで共闘

ドイツ社会民主党：SPD（Sozialdemokratische Partei Deutschlands）
中道左派。元は労組の活動から出発した労働者の党。現在はマイノリティー保護や多文化共生にも積極的。

緑の党（BÜNDNIS 90/DIE GRÜNEN）
1960年代からの学生運動の流れを引く左派政党。元は自由を提唱したが、現在は環境保護に特化し、規制に熱心。都会のエリートや若者が支持層。難民の受け入れに積極的。

ドイツのための選択肢：AfD（Alternative für Deutschland）
近年、台頭して極右のレッテルを貼られる保守野党。EUの金融政策や難民政策に一家言あり。

自由民主党：FDP（Freie Demokratische Partei）
新自由主義的な経済政策を唱えるリベラル政党。

左派党（DIE LINKE）
文字通りの左派勢力。東独の独裁政党SEDの後継政党。社会的平等を目指す労働者の党。ドイツの政界では極左とみなされている。

（旧東ドイツ）
ドイツ社会主義統一党：SED
支配政党

●以下4党は、東ドイツ時代に存在した民主主義を装うためのダミー政党

ドイツキリスト教民主同盟：CDU
西のキリスト教民主同盟と統合

ドイツ自由民主党：LDPD
西の自由民主党に合流

ドイツ国家民主党：NDPD
西の自由民主党に合流

ドイツ民主農民党
西のキリスト教民主同盟に合流

ドイツにおける政権与党の推移

年代	政権与党	主な出来事
1969~1982	SPDとFDP ［ブラント／シュミット（SPD）］	東方外交（ソ連・東欧諸国との関係正常化）
1982~1998	CDU/CSUとFDP ［コール（CDU）］	1986：チェルノブイリ原発事故 1989：ライプツィヒの月曜デモ ベルリンの壁崩壊 1990：東西ドイツ統一
1998~2005	SPDと緑の党 ［シュレーダー（SPD）］	2003：構造改革プログラム「アゲンダ2010」の発表
2005~2009	CDU/CSUとSPDの大連立 ［メルケル1期（CDU）］	
2009~2013	CDU/CSUとFDP ［メルケル2期（CDU）］	2010：ドイツ国内原発の稼働年数を平均12年延長 2011：東日本大震災 福島第一原発事故
2013~2018	CDU/CSUとSPDの大連立 ［メルケル3期（CDU）］	2015：シリア難民のEUへの流入
2018~	CDU/CSUとSPDの大連立 ［メルケル4期（CDU）］	
東ドイツ		
1964~1973	SED［シュトフ1期］	
1973~1976	SED［ジンダーマン］	
1976~1989	SED［シュトフ2期］	
1989~1990	SEDとPDS［モドロウ（SED）］	
1990~1990	CDU［デメジエー］	

ドイツ各州と州都

シュレースヴィヒ=ホルシュタイン
キール
メクレンブルク=フォーポメルン
シュヴェーリン
ハンブルク
ブレーメン
ニーダーザクセン
ベルリン
ハノーファー
マグデブルク
ポツダム
ブランデンブルク
ノートライン=ヴェストファレン
ザクセン=アンハルト
デュッセルドルフ
ドレスデン
エアフルト
ヘッセン
ザクセン
チューリンゲン
ラインラント=プファルツ
ヴィースバーデン
マインツ
ザールラント
ザールブリュケン
シュトゥットガルト
バイエルン
ミュンヘン
バーデン=ヴュルテンベルク

第1章

眠るメルケル

「赤い牧師」の子

身重の妻を置いたまま父はブランデンブルクへ

ドイツの現首相アンゲラ・メルケルは東ドイツ出身で、ベルリンの壁が落ちるまでは、東ベルリンの科学アカデミーで物理の研究者として勤務していた。しかし、それより以前のことは多くは語られない。伝記や評伝がたくさん出ているので、子供時代のことも、学生時代のことも、私生活を含めて概ね知られてはいるのだが、若い頃のメルケルには、凄くびっくりしたり、何らかの疑いを惹起《じゃっき》させられたりするようなスペクタクルな話がほとんどない。どれを読んでも、地味で、静かな、しかし、恐ろしく優秀な女の子が見えるだけだ。

ベルリン出身のメルケルの父親ホルスト・カスナーは牧師だった。１９４８年より、彼は西ドイツのハイデルベルク大学と、ドルトムントのベーテル・キリスト教会専門大学で神学を勉強している。翌49年、東西ドイツは分裂したまま、それぞれに建国の道を歩んだが、その頃はまだ両国間の行き来は可能だった。カスナーの留学費用は、東ドイツのブランデンブルク州教会本部が援助していたという。当然、卒業後は東ドイツに戻り、聖職の任務に就くということが前提だった。

ただ、カスナーが西にいた間、東西ドイツの関係はどんどん複雑になっていった。ソ連の影響が日増しに色濃くなりつつあった東ドイツでは、次第に自由が奪われただけでなく、社会主義国家の常として物不足でもあり、人々の不満が膨らんだ。さらにキリスト教会は社会主義国の建設にとっての障害と見做され、カトリックであれ、プロテスタントであれ、信者は抑圧され、聖職者が拘束された。

つまり、カスナーが勉学を終えた1953年、東ドイツでは、すでに教会は自由に活動できる状況ではなかった。そのため、ブランデンブルク州教会本部の指示により、カスナーはハンブルクに留まっていた。そして、同年、グダニスク（現ポーランド）出身の女性と結婚し、翌54年7月にはメルケルが生まれた。ただ、メルケルの誕生する直前に、カスナーは身重の妻を置いたまま、単身、ブランデンブルクに戻っている。

押し潰された国民の希望

なぜ、カスナーはそんなに慌てて東ドイツに戻ったのか。

実は、その前年の1953年は、東ドイツにとって分水嶺となる年だった。というのも、3月にソ連でスターリンが没したため、東ドイツの国民がこれを変革の機と見て立ち上がったからだ。当初の、賃金カットに対するストライキが、次第に民主化を求める反政府運動に発展していった。すでに6月には、抗議運動は東ドイツ全土に広がり、50万とも100万とも言われる人々が街に繰り出した。

しかし、国民の希望は無慈悲にも押し潰される。痺れを切らした東ドイツ政府に命じられた警察が、ソ連の戦車と共に抗議デモを制圧したのだ。警察が自国民に向かって銃口を向けるなど、国民にとってはまったく想定外の衝撃だった。

正確な犠牲者の数は東ドイツ政府によって伏せられたまま今に至るが、旧西ドイツ内務省の推計では、死者が383人、その後の処刑が106人と言われる。その他、大勢の反体制派がソ連に連れ去られた。この後、国民の抵抗は止み、その代わり、それ以前より始まっていた東から西への逃亡が加速した。1949年から壁のできた61年までの間に、東から西へ移住した人は250万人といわれる。

生後2ヶ月足らずで東独の国民に

ところがカスナーはそれらをすべて見ながら、国民蜂起の翌年の1954年、人々の波に逆らうように、西のハンブルクから東のブランデンブルクに戻っている。この頃、東ドイツ政府は、国民を殺傷した事実を相殺する必要もあり、一時、締め付けを緩めていたという。つまり、教会もようやく活動を再開できることになった。しかし、そうなると今度は牧師が足りなくなり、それもあってカスナーの帰国が促された。彼にしてみれば、今が東ドイツの教会建て直しのチャンスだった。すぐに戻らなければ、余計な嫌疑をかけられる可能性もあったかもしれない。彼は故郷を捨てる気はなかった。

当時は、西から東へわざわざ移住するのは、正真正銘の共産党員か、よほどのバカだと言われていた時代だ。カスナーの帰郷は、単に、学業の援助をしてもらった教会への義理などではない。おそらく、東ドイツの教会を守らなければならないという強い意志に支えられていたはずだ。当時の東ドイツの聖職者には社会主義者が多く、カスナーもその一人だったことは間違いない。彼らは、社会主義とキリスト教は共存できると確信し、どうにかしてそれを実現しようという使命感に燃えていた。

一方、夫がいなくなってしまった後、ハンブルクの実家に身を寄せていたメルケルの母親は気が重かった。東に行けば生活が不自由になることはもちろん、彼女の持つ西ドイツの教員資格が無効になることは確実だった。それでも出産を終えた彼女は、乳飲み子を連れて予定通り夫の後を追った。こうしてカスナー一家は奔流に逆らうように西から東へと移り住み、ハンブルク生まれのメルケルは、生後2ヶ月足らずで東ドイツの国民となった。

家庭内は政治的な空気

最初の任地は、ベルリンから80キロメートルも離れた片田舎の教会で、食べるものにも事欠くような貧しい生活だったという。しかし、カスナーはまもなく、ベルリンで教区監督を務めるアルブレヒト・シェーンヘアと知り合い、彼の引きでテンプリンという町に転任する。1957年のことだ。シェーンヘアは東ドイツのプロテスタント教会の大物で、のちに「キリスト教平和会議（Christliche Friedenskonferenz）」や「ヴァイセンゼー研究会（Weißenseer Arbeitskreis）」の中心人物となる。どちらの組織も58年に創設されるが、早い話、マルキシズムを広めるためのダミー組織でもある。これについては後述。

カスナー家の新居は、ヴァルトホーフと呼ばれる広大な敷地の中にあった。ヴァルトホーフというのは、「森の農場」あるいは「森の荘園」といったような意味で、そこにあった3階建ての大きな共同住宅の2階に、カスナー一家は住んだ。屋敷とも言える堂々とした建物だった。

さらにヴァルトホーフの敷地内には、この住宅の他、少し離れたところに煉瓦《れんが》造りの大きな棟があり、そこでは200人もの人が、自給自足の、いわばコルホーズ的な生活を営んでいた。といっても、暮らしていたのは農民ではなく、障害者たちで、ここに彼らの学校があり、様々な職業訓練が行われた。農業、酪農、養鶏をはじめ、各種の手工業や縫製の実習所まで揃った、ちょっとした共同体だったと言える。そんなわけで、図らずもその恩恵を受けたカスナー家の食卓はたちまち豊かになり、生活必需品にも不自由しなくなったという。

ここに越した年、メルケルの弟のマルクスが生まれた。屋敷には他の教会関係者の家族も暮らしており、子供たちは遊び仲間には不自由しなかった。

つまり、メルケルの育った環境というのは、美しい大自然と多くの動物たちに囲まれた、長閑《のどか》で暖かいものだった。障害者と密に接するという、社会的な雰囲気にも溢れていた。それは紛れもなく彼女の故郷であり、おそらく成長の場としては素晴らしい場所だった。しかし、後述するが、家庭内にはかなり濃厚な政治的な空気が漂っていたというから、どこか特殊で、異次元の世界だったことも想像される。メルケルにとって、はたして「東ドイツ」は祖国であったのか。ひょっとすると、テンプリンに対する帰属意識とは裏腹に、自分はハンブルク生まれだという矛盾した感情を持ち続けていたかもしれない。

社会主義統一党の強い監視下に

カスナーの任務はこの身障者施設の経営でもなければ、町の教会に勤務することでもなく、ここヴァルトホーフに牧師の養成所を設立し、運営することだった。彼が東独の教会組織で占めていた地位は、かなり高かったと思われる。「宗教はアヘン」というのが共産主義の基本的な考え方なので、この頃の東ドイツの教会は、常に独裁政党ＳＥＤ（社会主義統一党）の強い監視下にあった。東ドイツはプロテスタントの強い地域で、カスナーもプロテスタントの牧師だが、東西のプロテスタント教会は、ドイツ分断の後もなおも一つの組織としてまとまっていた。しかし、ＳＥＤはどうにかして、東ドイツの教会を、西ドイツのそれから切り離そうと圧力を掛けた。

それに対して東ドイツの教会関係者がどう反応したかというと、必ずしも真っ向から反発したわけではなかった。それどころか、東ドイツの教会は西からは独立すべきだと考える牧師たちも多かった。彼らは社会主義を肯定し、社会主義政権下におけるキリスト教の確立は可能なはずだと考えた。カスナーもその一人であったと思われる。たぶん、それ以外に社会主義国で教会が生き残る道はなかった。

つまり、闇雲《やみくも》にＳＥＤと敵対するわけにはいかない空気の中で、カスナーは牧師の養成所を運営した。常に政治的な綱渡りを強いられるような難しさがあっただろうことは想像に難くない。おそらく、それゆえに彼は独裁党ＳＥＤとの繋がりをしっかりと保った。カスナーがのちには外国に行く特権を得ていたこと、また、メルケルや弟がちゃんと大学に進学できたことを見ても、一家がＳＥＤ政府に不当に扱われていなかったことだけは確かだ（メルケルの10歳下の妹に関しては情報なし）。どちらかというと優遇されていたかもしれない。外国に出られるというのは、実際、東ドイツにおける特権の最たるものだった。

KGBと密接に繋がる組織

メルケルの評伝を読むと、カスナーのもとには多くの教会幹部が頻繁に出入りしており、活発な政治談議、あるいは作戦会議がなされていたことがわかる。また、カスナー自身もしょっちゅう、どこかに出かけていた。もちろん、牧師養成に関する出張もあっただろうが、しかし、それだけではなかった。彼は、前述の「キリスト教平和会議」や、「ヴァイセンゼー研究会」の主要メンバーでもあった。

「キリスト教平和会議」というのは、東ヨーロッパの聖職者による国際ＮＧＯで、58年にチェコのプラハで設立された。当時、チェコが共産主義の拡大において担《にな》っていた役割は大きく、日本共産党も研修のため、幹部をチェコに派遣したりしている。「キリスト教平和会議」の主な目的は共産主義運動で、ソ連が資金を提供し、秘密警察ＫＧＢとも密接な繋がりがあったとされる。創立のメンバーには平和主義者として知られていた西ドイツの著名な牧師たちも加わっており、彼らは、核兵器廃絶と世界平和を謳《うた》いつつ、共産主義の宣伝工作に携わった。その後、ドイツや日本はもとより、世界中で盛んになった反核・平和運動は、この流れを汲《く》んでいるところが大きい。彼らは国連の経済社会理事会で、オブザーバーの資格まで持っていた。

一方、後者の「ヴァイセンゼー研究会」は、東ドイツのプロテスタントの神学者の勉強会だが、ここにも西ドイツの左派の聖職者が多く加わっていた。設立は同じく１９５８年。メンバーの中には、ディートリヒ・ボンヒョッファーの崇拝者が多かったという。ボンヒョッファーは、ヒトラー時代に抵抗運動のために処刑された英雄的な神学者だ。

ただ、この「ヴァイセンゼー研究会」も、東ドイツの秘密警察シュタージの強い影響下にあった。そのメンバーは、平和主義者でありながら同時に社会主義者で、プロテスタント教会は、全世界に張られた共産党の共同戦線にすっぽりと嵌《は》まり込んでいた。つまり、カスナーも、これらの背景を十二分に知りながらも、ここに入り込むことによって、政府の教会政策にどうにかして自分たちの意志を反映させようと努力していたに違いない。

ちなみに、プロテスタント教会と社会主義的な思想というのは、今でも深くつながっている。現在のＥＵでは、地中海を渡ってくる中東やアフリカの難民が深刻な問題になっているが、ＥＵの政治方針に逆らい、独自に大きな船を調達しては地中海で難民を救助してイタリアに運んでいるのがドイツのプロテスタント教会だ。現代社会では、教会の持つ宗教的な意味は薄れるばかりだが、彼らの政治活動はあたかもそれに反比例するかのようにどんどん活発になっている。一方、政治活動をするはずの政党が、なぜか昨今、道徳ばかり説くようになってしまった。ただ、政治家の道徳は往々にしてダブルスタンダードが露呈するので、教会の行動がますます過激になるという現象が起こっているのである。

赤い牧師

さて、話を東ドイツに戻すと、この国には形だけの野党はいくつかあった。しかし、政府に対して真に抵抗の意思を持ち、あるいは、どうにかして政治に実質的な改革を促したいと思っている人たちがいるとすれば、それは野党の政治家ではなく、しばしば聖職者の衣を被った人たちだった。しかし、そこには、これらの動きを探るため、やはり聖職者の衣を被ったシュタージのスパイも必ずや入り込んでいた。いわば、東ドイツでは、親政府であろうが、反政府であろうが、政治に参加しようとすれば、シュタージとの共存が必至だった。しかも、皆、誰が本当はどの陣営に属しているのかがわからないという状況の下で活動していたと思われる。カスナー自身は「赤い牧師」と呼ばれていたという。

シュタージは巨大な組織に成長しており、特に、ＩＭ（非公式協力者）と呼ばれる情報提供者の数は、最盛期には20万人に及んだと言うから、究極の監視社会だった。だから、当時、カスナーとともに戦線を張っていた聖職者の仲間のうち、のちにシュタージの協力者であったと判明した人の数は、驚くほど多い。一例を挙げれば、カスナーの同志とも言われたヴォルフガング・シュヌア。のちにメルケルが政治に関わるようになったとき、深い関わりを持つことになる男だ。

ただ、メルケル自身は学生時代も、自宅で開かれていた会合には関わっていない。のちに、彼女の学友や弟が加わることがあっても、彼女自身は加わらなかった。それは、当時、そこに集っていた人たちの証言でも一致している。父親が、あえて加わらせないようにしていたのかどうか、それはわからない。

彼女はのちに、「この二つのシステムは絶対に統合出来ない。こっちから少し、あっちから少しというのが無理だということは、少し知恵があればわかることだった」と語っている。これが、当時、政治談義に加わらなかった理由であるかどうかは、知る由もない。

なぜか記録が残っていない

カスナーが果たした役割については多くが憶測の域を出ないが、不思議なのは、シュタージの記録にカスナーに関するものがほとんど残っていないことだという。シュタージの記録というのは、壁の落ちたときに民衆が腹立ち紛れに破棄してしまったものを除いては、今でも多くが保管されている。ところが、カスナーに関しての記録は、なぜか1981年までのものしか残っていない。東ドイツの、特にシュタージに関することでは、統一後も解明できていないことが多くある。

カスナーは、いわゆるマイホーム型の人間ではなかった。それは、初めての妊娠中の妻を置いたまま、政情の怪しい東ドイツへ単身旅立ってしまったという事実からも想像できる。メルケルはのちに子供の頃を回想し、父親は厳しく、完璧主義者で、「仕事と余暇の境目が曖昧だった」と語っている。それでも父親が大好きで、振り向いてもらいたいといつも思っていた気持ちが言外に滲む。いずれにしても、カスナーはメルケルにとって、生涯に亘《わた》って尊敬する人物であったという。

カスナーは２０１１年に亡くなった。統一後はＳＰＤを支持し、娘のメルケルがＣＤＵの首相になった後も、最後までそれを貫いた。メルケルの母親に至っては、統一後、テンプリンでＳＰＤの政治家として活動している。両親のこの社会主義精神が、娘メルケルに受け継がれていないわけはないだろう。そんな彼女が、よりによってＣＤＵという保守政党のトップに立ったという事実が、今になって、静かにドイツを揺るがし始めているのではないか。

ＦＤＪでの熱心な活動

メルケルは、ライプツィヒ大学（東独時代はカール・マルクス大学と改名されていた）で物理学を勉強した。その後、ベルリンの科学アカデミーに勤務していたことはすでに書いたが、学生時代、そして、ベルリン時代を通じてＦＤＪ（自由ドイツ青年団）に所属しており、しかも、かなり熱心に活動していたという。ＦＤＪというのは、独裁党ＳＥＤの傘下にある

14歳から25歳の青少年の組織だ。東独ではたいていの子供たちは6歳になるとピオニールに、そして、15歳からはFDJに参加するが、これはボーイスカウトのような組織で、メルケルも小学校2年生の時から加わっていた。

ただ、ボーイスカウトと違うのは、国家に対する忠誠心や、国民としての団結心の育成が大きな目標であったことだ。たとえば、ピオニールで子供たちが大きな声で暗唱した最初の文章は、「私たち若いピオニールはドイツ民主共和国を愛しています」というものだ。その後のFDJでは、自由、人権、平等、国際友好、環境保護といった理念を基にした活動が行われたが、やはり目的は、青少年を自然にマルクス・レーニン主義に導くことだった。

FDJへの加入を拒むと、休暇中も様々な楽しいイベントに参加できず、また、進学や就職などでもマイナスを被《こうむ》った。それでも加入を拒んだ人たちはおり、その大半は宗教上の理由からだったという。しかし、メルケルはというと、キリスト教の信仰を持ちながらも、FDJで活動することについてはさほど矛盾は感じていなかったようだ。この柔軟さは、父親の態度とまさに相似形と言える。それどころか、メルケルはこの組織での活動がとても楽しかったと回想している。

二つのシステムの間で板挟みに？

ただ、メルケルがＦＤＪで果たした役目については、周りの証言と本人の主張が微妙に食い違う。メルケル自身は文化活動の企画に携わっていたと言っているが、ＦＤＪにおける最終時期には、書記長として「アジテーションとプロパガンダ」部門を担当していたという証言も、周りにいた人たちの中から複数挙がっている。ＦＤＪは確かに団体旅行を企画したり、コンサートを運営したりという文化活動もサポートしていたので、メルケルの言っていることは嘘ではないだろうが、周りの人たちの言っていることも正しいかもしれない。いずれにしても、彼女がＦＤＪで活発に活動していたことだけは確かなようだ。優秀であったが故に、何らかの要職が回ってきたという可能性もあるだろう。

統一後の１９９１年、青少年・婦人大臣になっていたメルケルが、彼女の選挙区のあるメクレンブルク＝フォーポメルン州の州都、シュヴェーリンで開催された青少年フェスティバルに招かれたとき、彼女は、かつて自分がＦＤＪに参加していたこと、さらに、ベルリン時代は「アジテーションとプロパガンダ」に携わっていたことを公式の場で話したという。

エヴェリン・ロル著の『首相』（邦訳なし）によれば、その時、聴衆が驚愕で固まってしまったのを見たメルケルは、のちに次のように語った。「統一から一年たった今でも、我々（東と西の人間）の間には、いかに理解しがたいものがあるか、さらに、西の人々にとっては、積極的に社会主義システムに加わることと、止むを得ない適応との区別がいかに難しいことであるかに気づきました。しかし、東の人間にとっても、過去の生活を評価する共通の基準を見つけることは至難の業なのです」。メルケルが、東の人間の心情で語ったと思われる言葉だ。旧東独の土地においてすら、「東独の過去」がタブーとなっていることに気づいたメルケルは、その後もしばしば二つのシステムの間で板挟みになったのではないか。

どうやって階段を上り詰めたのか

メルケルは、2000年より18年まで18年の長きに亘りCDUの党首であった（18年12月に、党首の座をアンネグレート・クランプ＝カレンバウアーに譲る）。さらに、05年より現在までは、言うまでもなくドイツ連邦共和国の首相だ。それどころか彼女は今では、コンラート・アデナウアー、ヘルムート・コールを凌ぐほどのCDUの顔であり、歴史に残る存在となりつつある。しかし、いったいどのような経緯で、一介の研究者であったメルケルが、この階段を上り詰めていったのだろう。

メルケルは、実はCDUに入ろうと思って入党したわけではなかった。東西統一の混沌の中の成り行きで、彼女の属していた泡沫政党DA（民主主義の勃興）が、紆余曲折を経て西側のCDUに吸収されたというのが正しい。しかも、メルケルは最終的にそれを望んでいたと思われる。その間、いくつかのラッキーな偶然がメルケルを助けもした。その中の一つでも欠けていれば、現在の政治家メルケルはなかったかもしれない。

ただ、偶然はさておき、事実は、35歳まで政治とは関わりなく生きてきた一研究者が、突然、政治家になろうとしたのだ。どう考えても、その動機がもう一つよく飲み込めない。それも地方政治ではなく、目標は最初から国政だ。

しかも、その試みが次から次へと成功し、統一から1年余りで、彼女は大臣になっている。この見事な跳躍を見れば、メルケルの頭の中に、それまでの人生において政治的な思考がまるで存在しなかったということは考えにくい。

メルケルは、前述の通り、極めて政治的な両親の下で育っている。一家は、東ドイツの片隅にいながら、西のラジオに懸命に耳を傾け、ボン（当時の西ドイツの首都）で繰り広げられていることは隈なく知っていた。国会討論もすべて聞いており、メルケルがのちにインタビューで語っているところによれば、8歳の頃には西ドイツの大臣の名前をすべて暗記していた。彼女はメルヘンを聞くように、ラジオから流れてくる熱い政治論争を聞きながら育ったのである。それを知れば、壁の落ちた途端、メルケルがあたかも冬眠から覚めたように活動し始めるのは、ごく自然な成り行きとさえ思えてくる。

ソ連への傾倒

しかもカスナー家では、西ドイツのラジオを聞きながら、ただ憧れていたわけではなかった。それどころか、アデナウアー首相の西側世界への接近、ソ連や東欧への蔑視、NATOと歩調を合わせた再軍備への努力などを、ほとんど怒りを込めて眺めていたという。

なお、特筆に値するのは、メルケルのソ連への傾倒だ。ロシア語を学び、それをさらに上達させるため、ロシアの駐留兵士と交歓もした。15歳のときには、ロシア語コンクールで優勝し、モスクワでの〝ロシア語オリンピック〟にも参加している。

言葉を学ぶということは、文化と精神を体得するということでもある。ロシアの魂を愛さずして、ロシア語を深く学ぶことはできない。のちに首相になってから、プーチン大統領との確執などが取り沙汰されることもあったが、メルケルのロシアに対する愛着は、そのような表面的な事象には左右されないもっと根源的なものだろうと私は思っている。

「我々の理解できない何らかの破綻があった」

さらに、もう一つ湧いてくる大きな疑問は、なぜ、メルケルがCDUに入ったかだ。

ライプツィヒの大学時代、メルケルの卒業論文を監督したのは、ラインホルト・ハーバーラント教授と、ラルフ・デア教授だった。ハーバーラントはカール・マルクス大学（現ライプツィヒ大学）で物理の教鞭を執っており、デアも以前は大学にいた。ところが、68年、ライプツィヒ大学付属のパウリナー教会がSED政権により爆破されるという事件が起こった。当時、東ドイツでは、キリスト教弾圧の方針に基づき、多くの由緒ある教会が破壊された。デアはそれに抗議したため、以後、教鞭を執ることが許されなくなり、左遷される形で、「アイトソープと放射線の中央研究所」に移った。メルケルのことは一目で気に入り、その能力を見抜いて可愛がったという。

デアの周りには反体制の人物が集まり、彼らは夜になるとしばしばカフェ・コルソで、俳優や芸術家やミュージシャンなどと「哲学論議」に花を咲かせた（カフェ・コルソは今もライプツィヒで健在）。これまで、反体制分子とは無縁だったメルケルも、デアに誘われて、ときにそういう場に加わることもあったという。

ただ、デアも、また、その周りにいた人たちも、教会を爆破し、人々を監視するSED体制を批判しつつ、それでもどうにかして社会主義に希望を見出そうとしていた。ジャクリーネ・ボイセン著の『アンゲラ・メルケル』によれば、デア自身がその当時のことを回顧して、「我々は全員、資本主義には批判的だった」と語っていたという。

だからデアは、のちにメルケルがCDUに入ったことがにわかには信じられなかった。

「我々の理解できない何らかの破綻があったに違いない。我々の知っていたあの非の打ち所のない、調和の取れた人間を、これが彼女であるわけがないと思わざるを得ない人間に変えてしまった何らかの破綻が」。1995年、デアが、すでに環境大臣になっていたメルケルに出会った時、メルケルはデアが一言も発しないうちに、「あなたまで私にお説教をするのはやめてくださいね」と機先を制したという。

どんどん社会主義的に

真に興味深いのはそのあとだ。メルケルの政治力が十分強大になった頃から、彼女の政策はどんどん左傾化していく。しかし、国民の頭の中にはすでに、メルケルはCDUという保守政党の党首であるというイメージが巌《いわお》のように固く存在し、その思想の根底に、ひょっとすると社会主義が隠れているかもしれないなどという疑念は決して湧いてこなかった。だから、時に唖然としながらも、皆、結局、それを飲み込んでしまった。

ただ、私には、メルケルは、ドイツを社会主義化するという目標を早くから心に秘めていたように思えてならない。尊敬する父親カスナーの社会主義理念を空気のように吸って育ったことを思えば、ありえないことではない。しかも、複雑怪奇な監視網の中で生き延びてきた両親をずっと見ながら育ったのだ。状況への適応の仕方、沈黙の重要さ、言質を取られない高度なレトリックなど、ありとあらゆる「技術」を、やはり空気を吸うように身につけていたことだろう。彼女はそれらの能力を全て駆使して、これまでの一切の試みを超える理想的な社会主義の完成を、全力で目指していたのではないか。それを成功させるには、CDUでやるのが一番いいに決まっている。だからこそ、思いがけずデア教授に会った時、「早まって私を非難しないでください」と訴えたかった……？

いや、急ぐのはやめよう。

若いメルケルは、今、ようやく長い眠りから覚めようとしているところだ。

第2章

目覚めるメルケル

社会主義からの訣別

東欧民主化運動の源流

ベルリンの壁が落ちたのは、1989年11月9日だ。東ドイツの〝独裁者〟ホーネッカーは、すでに失脚して逃げていた。ただ、ここでは詳述しないが、この時の壁の崩壊は、単に東ドイツ政府の報道官ギュンター・シャボフスキーの勘違い答弁によって起こった突発事故のようなものだった。当時、東ドイツは極度に混乱しており、国境の開放は時間の問題であったかもしれないが、しかし、まさかこんなに唐突に遮断機が上がり、東の人間が雪崩《なだれ》打って西に出ていくなどとは、まだ誰も想像していなかった。したがって、その後の成り行きも闇の中だった。

実は、このちょうど1ヶ月前の10月9日月曜日、東ドイツでは人民蜂起ともいえる大集会が起こっていた。これこそが、最終的に壁に穴を開けたエネルギーであったと言えるため、今一度、その経緯を時系列で振り返ってみたい。

1980年代後半に東欧諸国で盛り上がった民主化運動の源流をたどっていくと、ソ連のミハイル・ゴルバチョフに行き着く。85年に共産党書記長に就任した彼が「ペレストロイカ」（改革）や「グラスノスチ」（情報公開）に着手した途端、見る見るうちにソ連に新しい風が吹き始めた。そして、ソ連が米国に、世紀末までの核の廃絶を提案するに至って世界は

1985年、レーガン米大統領と会談するゴルバチョフ書記長(右、スイス・ジュネーブ、写真提供:TASS＝時事)

驚愕した。特に狂喜したのが、ソ連の衛星国でこれまで声を出せなかった知識人たちだった。彼らのあいだで一気に民主化の期待が高まり、ゴルバチョフは希望の星となった。

ペレストロイカの信奉者

メルケルの職場も例外ではなかった。研究者やエリートは、もともとソ連とのつながりが深い。留学経験者も多く、ソ連で起こっていることへの関心は高かった。ソ連の変化を感じ取った途端、彼らの間でもペレストロイカの信奉者が急激に増え、これまでにはなかったような東ドイツ政権批判が飛び交い始めた。そんな中、一番高揚していた人のうちの一人がメルケルだったと、同僚がのちに語っている。ロシア語が達者で、必ず毎朝、ソ連の新聞『プラウダ』を隈なく読んでいたメルケルは、ソ連のこの動きがまもなく東ドイツに波及することを、おそらく確信していただろう。

もっとも、民主化の種を蒔《ま》いたのはゴルバチョフだったが、実際に社会主義が潰れたのはソ連ではなく、ポーランド、ハンガリーの方が早かった。経済を活性させるためには、ソ連一国で改革をしても効果は期待できない。そこで、衛星国も巻き込んだ結果、ポーランド、ハンガリーといった、もともと国民の間に自由の機運の高かった国々で改革が着々と進んだ。ソ連にしてみれば、これは「進みすぎ」だった。

「ベルリンの壁は100年後も立ち続けるだろう」

一方、この頃、あらゆる変化を拒絶していたのが東ドイツだった。1987年、西ドイツのニュース週刊誌『シュテルン』のインタビューを受けたSEDの理論家クルト・ハーガーは、「あなたは隣の家が壁紙を張り替えたからといって、自分の家の壁紙も新しくしなければならないと感じますか?」と、ゴルバチョフ効果が東ドイツに与える影響を期待していた西のジャーナリストを牽制している。彼らは、ソ連に準じて東ドイツの社会主義を改革する必要など、一切感じていなかった。あるいは、少なくともそう振る舞っていた。

1988年の10月には東ドイツ政府が、ソ連の雑誌『スプートニク』のドイツ語版10月号

18万部を没収するという事件が起こった。没収の理由は、記事の中に独ソ不可侵条約についての記述があったからだと言われる。独ソ不可侵条約の締結後、ドイツとソ連は示し合わせてポーランドを挟み撃ちにし、さらに東ヨーロッパやフィンランドまで山分けしたが、東ドイツではそんな事実は存在しないことになっていた。ところが、なかったはずのそれを、ソ連がグラスノスチに基づいて開示してしまったので、東ドイツ政府は慌てたのだった。しかも、この雑誌は東ドイツでは人気があったため、政府は言い訳が必要になった。

そこで、『スプートニク』誌が「歴史的事実を歪曲した」と言ったため、事態はさらに紛糾した。これらを見ると、東ドイツはすでに末期症状を呈していたことがわかる。ところが、89年の初めになっても、ホーネッカー書記長はまだ、「ベルリンの壁は50年、100年後も立ち続けるだろう」と、間の抜けた演説をしていた。

ホーネッカー書記長（写真提供：dpa/時事通信フォト）

99％以上の賛成票――「看板に偽りあり」の普通選挙

その東ドイツが本当に激しく揺れ出すのは、1989年5月の地方選挙のあとだ。

東ドイツは言うまでもなく、事実上はSEDの一党独裁だが、複数政党制を装うため、CDU（西側のキリスト教民主同盟と同名だが無関係）、LDPD（ドイツ自由民主党だが、これも西側のFDP＝自由民主党とは無関係）など、アリバイ的な4党が存在した。そして、4年に一度〝普通選挙〟が演出され、その結果、毎回99％以上の賛成票でSEDが第1党の地位を維持するという茶番がほぼ40年間続いていた。

ちなみにこの普通選挙というのは、あらかじめ国会の議席配分が提案されることになっており、賛成の人はそのまま投票用紙を投票箱に入れればよいが、反対の人は記入台に行ってその旨を記入しなければならない。もちろん、記入台に行けば翌日から様々な困難が降りかかってくるだろうから、誰も行かない。この国の正式名はドイツ民主共和国だから、まさに「看板に偽りあり」と言えた。

かくして5月の地方選挙は進み、当局は選挙結果を、「投票率98・77％で、そのうちの99・85％が賛成票」と発表した。つまり、過去40年間と同様のことをしたに過ぎない。しかし、世の中の空気はすでに変わっていた。にわかに不正追及の声が巻き起こり、まさにこの時より、東ドイツの民主化運動は後戻りが効かない確実さで広がり始めた。

一方、その同月、ハンガリーがオーストリアとの国境の鉄条網を撤去し、鉄のカーテンに小さな穴を開けた。また8月には、やはり国境の森の中で、オーストリアとハンガリー両市民の交歓パーティーが催され、パーティーへの参加を装った東ドイツ国民を、どさくさに紛れてオーストリアに逃がすという事件が起こった。これらはすべて、東西の人権運動の活動家、および教会関係者などが綿密に計画したものだった。

そして、ついに9月11日、ゴルバチョフの後押しで、ハンガリーの改革派がオーストリアとの国境を全面的に開放した。これ以後、ハンガリー経由で西側に出国する人の波が止まらなくなった。片や、出ていかなかった人たちも、心を踊らせながら、何かが変わることを心待ちにした。東ドイツの臨終はすぐそこまで近づいていた。

伝説的スパイによるホーネッカー批判

さて、ハンガリーが国境を開いた直後の9月15日、『プラウダ』に爆弾記事が載った。インタビュー記事の体裁で、「ミーシャ」が東ドイツの民主主義運動の英雄として登場してきたのだった。「ミーシャ」は、そのインタビューの中で堂々とホーネッカーを批判した。記事の意図は明らかだった。ソ連の改革派は、「ミーシャ」を東ドイツの次の指導者に据えようとしていた。「ミーシャ」とは誰か？

「ミーシャ」を知らないものはいなかった。東ドイツのシュタージの幹部を30年以上も務めた東ドイツの伝説的スパイである。担当は対外諜報（HVA）で、科学、および軍事技術の入手に携わったいわゆる産業スパイ。その手法の鮮やかさでは、ほぼ神話のようになっていた。「顔のない男」と呼ばれたその男の暗号名が「ミーシャ」だった。本名はマルクス・ヴォルフ。

この『プラウダ』の記事はあっという間に知れ渡り、東ドイツの国民は、自国に訪れている改革の波を裏から工作しているのは、またもやソ連と組んだシュタージだったと知り、憤慨した。かつてKGBのトップからソ連の最高指導者にのし上がったのはユーリ・アンドロポフだったが、東ドイツには、その再現を許す空気は、すでになかった。

実はドイツ統一を避けたかった

このまさしく動乱の時期、メルケルの父親カスナーの周りでは何が起こっていたか？　変化の気配を感じ取った彼は、夏の間中、あちこちで様々な催しを開き、活発に動き回っていた。言うまでもなく、改革派の社会主義者であった彼らにとって、待ちに待った行動の時が到来したのである。

やはり9月、「新フォーラム」という反体制グループが、化学者ロベルト・ハーヴェマンの未亡人の自宅で結成された。反体制派の運動家であった故ハーヴェマンはカスナーたちの仲間だった。新フォーラムはすべての東ドイツ国民に向かって、「社会改革への参加」を呼びかけた。

彼らが目指したのは改良型の社会主義だ。自然環境を大切にし、果てしない消費からは距離を置き、社会主義的なシステムを保ちながら、物流や供給は拡大する。今のドイツの社会主義思想と瓜二つだ。このとき彼らは用心深く、それを「第三の道」と名付け、カスナーやメルケルの弟のマルクスがその運動に加わった。また、テンプリンでもしばしば聖職者や科学者や医師といった知識人が集い、激しい興奮と共に今後のビジョンが討議された。

この頃の彼らの最大の懸念は、運動のたがが外れてしまうことだったという。そうなれば警察や人民軍が、いや、最悪の場合はソ連軍が介入して、すべてを押しつぶす危険があった。また、その反対に、国民の力が暴発し、一気に東西ドイツの統一に進んでしまうことも考えられた。統一は、彼らにとっては絶対に避けたいオプションだった。統一になれば、理想の社会主義国の建設というカスナーたちの夢は壊れてしまう。つまり、彼らにとってはまさに正念場であったのだ。

宗教のヴェールを被ったデモ

そうするうちに市民運動が始まった。火蓋《ひぶた》が切られたのはライプツィヒで、運動の核になったのが町の中心にあるニコライ教会。やはり、教会が発火点なのである。毎週月曜日に開かれていた集会は、最初は宗教のヴェールを被っていたが、そのうち彼らは「外へ！」というスローガンとともに街に繰り出した。「月曜デモ」の始まりである。

9月4日、デモ参加者が1000人を超えた。その日も、そして、1週間後の11日も逮捕者が出たが、人々は屈しなかった。25日には、参加者は8000人、10月2日には1万人を超えた。

そんな混乱の中で10月7日土曜日、東ドイツは大々的に建国40周年を祝う。式典に招かれたゴルバチョフは、相変わらずソ連と東ドイツを賛美するホーネッカーに、「遅れるものは人生に罰せられる」と言って暗に辞任を勧めたが、ホーネッカーがその意を解する事はなかった。ただ、月曜デモの参加者は、ゴルバチョフの意図を正確にキャッチした。「我々のデモにソ連はおそらく介入しないだろう」という推測は、彼らに大いなる勇気を与えた。

ゴルバチョフが去って2日後の9日、ライプツィヒの月曜デモには7万人の市民が集まった。冒頭に記したように、これが東ドイツという国の分水嶺となる。

もっともその夜は、まだ誰もそこまで確信を持っていたわけではない。たとえソ連が介入しなくても、東ドイツには強権的な警察がある。そして実際、デモの現場では、重装備の警官が7万人の市民を包囲していた。どこからゴム弾が飛んでくるか？　今夜は逮捕者は何人になるだろう？　ゴム弾の次は実弾か……？

このとき彼らの頭を去来したのは何だっただろう。1953年の人民蜂起の際の敗北か。あるいは、わずか4ヶ月前の天安門事件の惨劇も漏れ伝わっていただろう。いずれにせよ、犠牲者なしで事が終わるかどうか、その確率は五分五分だった。互いに守り合うように立ち尽くす人々の間で、緊張が極限まで高まっていった。

月曜デモの発端となったライプツィヒの聖ニコライ教会（写真提供：dpa/時事通信フォト）

ところが、この夜、警察は群衆を包囲したまま、巌《いわお》のように動かなかったのだ！　ソ連の後ろ盾がなくなった途端、東ドイツ当局は張り子の虎になったのか？　いずれにせよ、この夜、潮目が変わった。ライプツィヒ市民は一切の暴力を使わず、一人の死者も出さずに、東ドイツを崩壊に導くための大きな一歩を踏み出したのである。

1週間後の16日の月曜デモは、参加者の数が一挙に12万人に膨れ上がった。ホーネッカーは武力鎮圧を命じたが、人民軍の大将はそれをはっきりと拒絶。その翌日、ホーネッカーは失脚した。

この後、ライプツィヒの月曜デモは稲妻のように他都市に波及し、11月4日には東ベルリンで100万人デモが起こり、9日、ついに壁が落ちた。

メルケル、始動

当然のことながら、ここからの東ドイツというのは凄まじいカオスに突入する。勃興の機運と滅びゆく国家の断末魔の叫びが入り混じり、その横では、これまで虐げられていた人たちが立ち上がり、報復のエネルギーを身体中に漲《みなぎ》らせていた。東ドイツを民主的な社会主義の国として再生させようとする勢力があれば、東西ドイツの早急な統一を求める勢力もあった。また、野党はお飾り政党であることをやめ、リアル政治に挑戦しようと踠《もが》いていたし、新しい政党も結成された。こうして、すでにその前から始まっていた大々的な政治改変の動きは、西の強力な引力に引き摺られるように、さらに勢いづいていった。

さて、この暴力的な混乱の渦巻いていた東ドイツで、静かに、誰にも注目されずに、そっと蠢《うごめ》き始めた女性がいた。メルケルである。メルケルは、どの政党にも所属していなかったし、反体制運動に参加していたわけでもない。おそらく政党に対する不満があったとしても、それを口にしてはいけない場所で、無防備に口外するようなこともなかっただろう。実家のテンプリンでしばしば行われていた議論の輪にも、これまでは決して加わろうとはしなかった。ところが、その彼女が、『プラウダ』に「ミーシャ」のインタビュー記事が載った後、テンプリンに姿を現し、集っていたメンバーを驚かせた。ただ、彼女はその時も、何も言わず、ただじっと眼前で行われている議論に耳を傾けていただけだったという。

　おそらくその地味な研究者は、木影から獲物を狙う狩人のように、周りの状況をそっと観察していたのだ。いつ足を踏み出そうかと、逸《はや》る心を抑えながら。ロシア人と互角に討論ができるほどロシア語が達者な彼女が、普通の人たちよりも多くの情報を持っていたことは間違いない。それどころか、おそらく、東欧の民主化の波はまもなく東ドイツに到達すると確信していただろう。いずれにしても、皆が気づいた時、彼女はそこにいた。メルケルは長い眠りから覚めたのである。

この頃のことは「思い出せない」

ニュース週刊誌『シュピーゲル』のインタビューで、この年の10月から12月の間に何をしていたかという質問に対して、メルケルは、自分は傍観者であったと答えている。「(ライナー・)エッペルマンの主宰する教会での会合に参加したこともあるが、それは、反体制の考えを持つ人が皆、足を運ぶものであった」と。エッペルマンは、その年に創立されることになるDAという政党の創立者の一人で、メルケルもまもなくそこに加わることになる。

メルケルのこの頃の足跡ではっきりとわかっているのは、壁の落ちる直前、意外にも彼女が西ドイツに出ていたことだ。11月4日、東ベルリンで100万人デモが起こっていたその夜、メルケルはハンブルクで大叔母の誕生日を祝い、そのあと、南ドイツにいたヨアヒム・ザウアー(現夫)を訪問している。ザウアーはブランデンブルク出身の著名な化学者で、当時、研究者としてカールスルーエ大学に出向していた。彼も出国を許されていた人間の一人だ(メルケルという姓は、最初の夫の姓である)。

ただ、メルケルは9日、つまり、壁の落ちた日にはベルリンにいたので、おそらく前日にカールスルーエから戻ってきたのではないか。そして、13日にはポーランドのトルンの大学に出張し、そこの人々がドイツの統一を噂していたのに、ひどく驚いたと言っている。

その翌日の14日、メルケルはすでにDA(政治団体、のちに政党)の事務所にいたという。そこには、東ドイツの貴重品であった電話の回線があったほか、新品のコンピュータやコピー機などが届いており、それらをちょうどメルケルが接続していたと、そこを訪ねた西ドイ

ヴォルフガング・シュヌア（左端、写真提供：dpa/時事通信フォト）

ツの政務次官が語っている。さらに、印刷物を取りにきたグラフィックデザイナーも、この頃、やはりここでメルケルを見たという。いずれも真偽の程はわからない。ただ、その少し後に出入りした人たちはメルケルに遭遇していないので、もし、これらの証言が正しくても、彼女がここにいたのはごく短期間であっただろう。なお、メルケル自身は、この頃のことは思い出せないそうだ。

ＤＡは政治団体で、10月１日に政党として立ち上がるはずだったが、当時の東ドイツは月曜デモで極度の緊張下にあり、シュタージが結党集会を妨害した。創設時のリーダーがシュヌアや前述のエッペルマンらだ。

シュヌアの本業は弁護士（東ドイツでは、弁護士は党に忠誠を誓った人間しかなれない）だが、彼はプロテスタント教会会議の幹部の一人でもあり、そのため、メルケルの父親カスナーとは長年の同志の関係だった。もちろんメルケルの存在も知っていただろう。それもあり、10月の初めに、シュヌアは早くもメルケルをDAに勧誘した。ただ、記憶力抜群のメルケルが、それも思い出せないという。

民主的な社会主義国家の実現

さて、壁の崩壊後の12月17日、ようやくDAは結党集会に漕ぎつけ、新政党として発足した。DAは一言で言うならエリートの政党だ。ポーランドで「連帯」を創設したヴァウェンサ（ワレサ）が労働者階級の出身だったのとは少し趣が違う。

この日の集会で、シュヌアが正式に党首に選出された。シュヌアは、のちにシュタージの過去を暴露され、DAに破滅をもたらすことになる人物だが、この時はまだ誰もそんなことは想定せず、まさに勃興の気分に沸いていた（DAとは「民主主義の勃興」の略）。

DAの党員たちは、SEDという非効率的、かつ非人間的な独裁制は否定するが、社会主義自体は否定していない。目指していたのは、自由があり、物がある、豊かな社会主義国家。つまり、改良型社会主義の実現だった。カスナーや、メルケルの弟のマルクス、そして、その仲間たちと志は同じだ。

　メルケルが後のインタビューで語っているところによれば、政治に参加したいと考えた彼女は、いくつかの政党を物色した結果、小さいけれど活動のチャンスが多そうなＤＡを選んだという。つまりメルケルも、少なくとも当初は、父カスナーと同じく、民主的な社会主義国家の実現に夢を託していたことは確かだ。

　のちの解釈においては、「東西ドイツの統一」というのは、ドイツ人全員が切望していたものとして位置付けられるが、実際はそうではなかった。カスナーたちのように、長年、水面下で政治活動に励んできた運動家たちはもちろん、それまで意識的に政治とは無関係に暮らしてきた知識人やエリートたちの多くも、民主化は望んでいたが、早急な統一は望んでいなかったという。

　彼らは西の情勢をよく知っていただけに、東西ドイツが統一されれば、自分たちの身に何が降りかかるかということを、庶民よりは正確に予見できた。早急な統一となれば、西側の資本は圧倒的な経済力で、間違いなく雪崩のように東ドイツを押し潰す。そのあと否応なく整備されるであろう西側のシステムを、彼らは理想だとは思っていなかった。

　知識人の間に社会主義者が多いことは、世界を見渡してみればすぐにわかる。それは、カール・マルクスの時代より現在まで、おそらくほとんど変わらない。彼らの考えによれば、社会主義はうまくいきさえすれば、資本主義よりも優れたものであるはずだった。東ドイツという国は、無能な指導者たちのせいで、せっかくのそのチャンスをものにできなかった。しかし、だからと言って社会主義の理念が死んだわけではない。つまり、壁が崩れたことは想定外であったが、この危機は、東ドイツという理想の社会主義国家を建設する好機になりうる！　今こそ巻き返しのチャンスだと、彼らの夢は最高潮にまで膨らんでいった。

ゴルバチョフは確信犯だったか

一方、統一の機運が高まることに脅威を覚えていたもう一つのグループが、ソ連の改革派だった。その代表者であるゴルバチョフは、ソ連とその衛星国家を民主化し、西側との確執を取り除いて無駄な軍事費を省き、コメコン（ソ連とその衛星国の経済援助体制）を強化するつもりだった。つまり、無駄な贅肉を切り取り、社会主義を効率的に整備し直す。

1987年、レーガン米大統領がベルリンのブランデンブルク門のところで、「ミスター・ゴルバチョフ、壁を壊してください！」と叫んだとき、それは西ドイツにおいてさえ、元俳優のパフォーマンスとして軽んじられていた。ましてやソ連の指導部にしてみれば、壁が自分たちの意向と関わりなく無秩序に開かれることなどありえないはずだった。ところが今、ベルリンの壁は本当に崩壊し、突然、ソ連の衛星国がごっそりと西側に移ってしまう危機が迫ってきた。母屋のソ連に激震が走り、それは止まるところを知らなかった。

なぜ、こんなことになったのか？　しかも、一番改革に後ろ向きだったはずの東ドイツで、国民運動のたがが外れた。これこそが改革派ゴルバチョフの最大級の誤算だったのか。それとも彼は確信犯……？　その疑いも、私は捨てることができない。

「社会主義とは訣別しました」

東西ドイツの統一をどうするかということは、ＤＡの結党大会でも激しい議論になった。最終的には統一を視野に入れようという大筋が決まったが、党内の左派分子は失望し、あるいは不満を隠さず、多くが離れていったという。しかし、メルケルは反対していない。のちにインタビューで彼女は、「父とは、『第三の道』（改良型の社会主義を目指す道）についてよく議論した。しかし、人間的な表情を持った社会主義など、私は一度も評価したことがなかった」と言っている（ラングート著『メルケル』）。ニュース週刊誌『シュテルン』のインタビューではさらに明確だ。「私は社会主義とは訣別しました」。

実際にその後、彼女の政治家としての姿勢からは、社会主義的志向は跡形もなく消えている。それが再び頭をもたげてくるのは、ずっと後、彼女が本当の権力を手にしてからのことである。

雲散霧消したエリートたちの夢

さて、この頃、壁もなくなり、ホーネッカーもいなくなり、様々な政党が跋扈《ばっこ》していたとはいえ、従来の独裁SED政権はまだ潰れたわけではなかった。もっとも、SEDの政治家の頭の中を占めていたのは、すでに国家の行方ではなく、自分たちの運命である。ホーネッカーの二の舞にならないためには、どう行動すべきか？　それにはただ一つ。東ドイツを潰してしまってはいけない。どうにかして国家として存続させ、自分たちが引き続き権力を持ち続ける。しかし、どうやって？

方法はあった。独裁党のイメージを直ちに脱皮し、自らの手で民主化を実現する。つまり、西ドイツと並ぶ東ドイツという民主国家を作れば良いのだ。そのため、SEDでは書記長の首を挿《す》げ替えたり、政治局員を入れ替えたり、大急ぎで応急処置が施された。そして、誰にも負けぬ大声で民主化を叫びつつ、12月には慌ててSEDをSED／PDS（社会主義統一民主社会党）と改称し、化粧直しを終えた。つまり、統一など決して望んではいなかった点では、彼らも同様だったのだ。

では、誰が統一を望んでいたのか？

東ドイツの民衆である。東西ドイツの統一は、民衆の革命であったと言われる所以《ゆえん》だ。

実はこの頃、庶民の要望は、二つのものに集約されていた。まずは出国の自由。40年間、壁の中に閉じ込められていた人たちの外へ向かうエネルギーは爆発的だった。

そして、もう一つが「ドイツマルク」。紙切れ同然の東独マルクに別れを告げ、正真正銘の「ドイツマルク」を手にすれば、自由な経済活動が可能になり、自分たちも豊かな生活への足掛かりが摑めると、人々は考えた。この時点で、はたしてそれが何を意味し、その先に何が待ち受けているのかというところまで思いを巡らせる人は少なかった。

前述の通り、この頃の東ドイツというのは、かろうじて国の形骸を保っていたに過ぎない。喩えるなら、綻びた縫い目のあっちこっちが、中からの圧力によって弾けそうになっている布袋といったような図である。実際、布袋はその後一年も経たずして破裂し、ボロ布と化した東ドイツは西ドイツに吸収され、さらには社会主義国家の失敗例として歴史上に不名誉な名を残すことになるのである。

しかし、国民はこの時点では、それが不名誉なことであるとさえ考えなかった。たとえ社会主義が失敗に終わろうが、祖国がボロ布になろうが、代替の新しい祖国ができるなら、それは大した惨事ではなかった。西も東も、同じドイツ人ではないか。

皮肉にも、こうして国民が民主的な力を得たとき、東ドイツのエリートたちが夢見た民主的な社会主義の実現というアイデアは、あっという間に雲散霧消してしまった。そして、東ドイツは、草の根の人々の凄まじいエネルギーによって勝手に動き出したのである。ソ連でさえ、もう、それを止めることはできなかった。

統一後は未曾有の不景気に

この頃、ドイツの事情は生き馬の目を抜くように刻々と変わっていく。俄《にわ》かに持ち上がった統一というオプション。統一を望んでいたのは、東ドイツの民衆だったと書いたが、お隣の西ドイツでは、エリートから庶民まで、ほとんど全ての人々がそれを望んでいた。

西側にとって、統一はまず単純に、自分たちの自由主義社会の勝利に他ならない。戦後45年間、米ソの冷戦に翻弄され、最前線となってきた不幸な運命に、ようやく終止符が打たれるのだ。それは祖国の統一を超えた、世界平和への第一歩と言うべき輝かしい出来事のはずだった。

彼らが描くビジョンは優雅だった。分断されていた祖国が一つになれば、国土が広がり、人口が増え、消費が伸び、平和で平等で豊かなドイツが誕生する。その力強い民主主義国家は、戦後、どうしても拭い切れなかったドイツの負のイメージをも一新してくれるだろう。

統一は、とりわけコール首相にとっての最大の夢だった。統一を実現した首相という名声の魅力に、いったいどのドイツ首相が抗うことができようか。だからこそ、コールは東ドイツの人々に向かって訴えた。「共に力を合わせれば、再びこの（東独）６州を、生活し、仕事をすればちゃんと報われる、花の咲き乱れる（繁栄する）場所に変えることができるでしょう」。そして、西ドイツの人々には約束した。「統一をしても増税はしません」と。

ちなみに、統一後のドイツはまもなく未曾有の不景気に陥り、増税なしでは二進《にっち》も三進《さっち》も行かなくなる。ずっと後に、ＥＵの、「財政赤字はＧＤＰの３％以内」というルールを南欧の国々が守れないことを厳しく叱責したドイツだが、当時のドイツは長らくこれを守れず、「ＥＵの病人」と呼ばれていたほどだ。

政府はのちに、増税をしないという約束に困りあぐね、国民の収入から税と同様に一定の額を天引きし、それを連帯賦課金と名付けた。ほとんど詐欺だ。それはなんと、２０２０年まで続き、ようやく21年より、９割のドイツ人がその義務から解放された。当時、誰がそんなことを想像しただろう。

「国家」以前の存在だった西ドイツ

さて、西の庶民が祖国の統一にバラ色の未来を夢見ていただけだったのとは裏腹に、資本家は、市場拡大と安い労働力という、いわば植民地の獲得のような期待も持った。この意識のずれが、のちに東西の人々の間に取り返しのつかないほど大きな確執を生むのだが、それはもう少し先の話だ。

ただ、事態が統一に向かって進みはじめた途端、新たな問題が浮上した。統一するには、まずは、東西ドイツが正式な国家でなくてはならない。「正式な国家?」誰しもが訝《いぶか》しがった。実は、ドイツは東西どちらも、正式な国家どころか、国際法上では、まだ独立国として承認さえされていなかったという事実が露呈した。45年間、放置されていた問題だった。

なぜ、そんなことが起こったか?

普通、戦争状態は平和条約の締結によって終了する。それにより国境紛争や領土問題が解決され、戦時賠償が取り決められ、そして、敗戦国は再び国家としての機能を回復する。

しかし東ドイツは戦後、自分たちをナチスドイツの後継者とは見なしていなかったし、西ドイツは、東ドイツ抜きで平和条約の交渉はできないと主張した。だから、ポーランドとの領土問題も、米英仏ソ4国以外の国との戦時賠償も、すべて未解決のまま放置された。つまり、信じられないことだが、西ドイツは公式には「国家」以前の存在でありながら、一時は世界第2位の経済大国にのし上がったということになる。

問題はまだあった。条約の締結のためには、東ドイツが、連合国に承認され得る政府を持つ必要がある。SEDがただ名前を変えただけの党が牛耳る政府では通用しない。民主主義を名乗れる政府を作るためには、当然、自由選挙を実施しなければならなかった。

そこでバタバタと初の自由選挙が行われることが決まった（選挙は5月と公示されたが、その後、統一の都合で3月に前倒しとなった）。臨終間近の東ドイツで総選挙が行われたのは、以上のような理由だったのである。

自由選挙になればチャンスはある

何もかもが混乱の極みにあったこの頃、メルケルはDAの中で、ほとんど誰の目にもつかないほど静かに、しかし、粛々と立ち働いていた。ただ、まだアカデミーの方も退職したわけではなかった。

当時の最重要課題は、もちろん総選挙だった。政党の数は12に膨らみ、処女地のような票田で、壮絶な陣取り合戦が始まった。国民も、まだ見ぬ「選挙」にエキサイティングした。今度こそ、これまでのようなフェイク選挙とは違って、本物の選挙だ！。

ただ、DA幹部の悩みは、何を党の「売り」としてアピールするかが定かでなかった事だ。彼らの間では、新しい社会主義政権を立てるという夢は捨て去ったものの、だったら、舵をどちらの方に切り、何を切り札にし、何を公約とすべきか、その方針がまるで固まっていなかった。しかも、それについて議論すれば、必ず大混乱になった。ちなみに、当時の幹部の証言では、この頃のメルケルは黙して聞くだけで、議論に加わることはなかったという。だから、「ほとんどの人間が彼女を過小評価していた（ノイバート）」。のちに〝傍観者〟メルケルは、当時の党の様子を、「完璧に麻痺状態だった」と表現している。

ただ、メルケルはすでにこの頃、自由選挙になれば、国民は西側のシステム、つまり、統一を選ぶだろうと考え、DAがその受け皿になるべきだと考えていた。DAは「『新フォーラム』や『今、民主主義を』のように決定的に左翼ではなかった」し、また「すべてのプロセスが、極端に草の根主義というわけではなく、地に足が付いていた」から、チャンスはあると見た。

DAは結局、メルケルの思惑通り統一を目標として打ち出し、「自由と豊かさ——社会主義との訣別」をスローガンにして選挙戦に突入した。正式には何の役職にも就いていなかったメルケルだが、これ以後は積極的に活動に加わるようになる。戦略としては、旧SEDのメンバーの巣食うモドロフ政権と、その彼らがシュタージを手つかずのまま放置していることを攻撃する。彼女はビラをデザインし、人目につくコピーを捻り出した。そして、作ったビラを、適時、適所に配布した。

そうするうちに、次第に周りの人たちが、この地味な女性の能力に気づき始めた。もっとも、彼らが当時気づいたメルケルの能力など、本当の実力の100分の1にも満たなかっただろうが……。

決定的な変化は、１月23日、ライプツィヒで開かれたＤＡ党大会だった。ここでメルケルは報道官に立候補して、選ばれる。彼女の政治の第一歩が刻まれた。メルケルの目は、すでにはっきりと見開かれていた。

第3章

動き出すメルケル

完璧な記者会見と選挙活動

険悪だった西と東のCDU

その頃、急な東の政治的転換に直面して、西ドイツの政界もてんやわんやだった。ドイツ統一を視野に入れるなら、将来への布石として、この選挙を機に、できるだけ東の票田を取り込んでおかなければならない。西のSPDは早々に、東で出来た新党SDP（社会民主党。後にSPDと改名）との共闘を決めていた。一方、西のCDUでは、東のCDU、DA、DSU（ドイツ社会同盟）を同盟させて、3党まとめてパートナーして取り込むアイデアが挙がった。東のCDU一党では脆弱すぎるからだ。DSUはDAと同じく、新しい党だ。

ちなみに、西と東のCDUが組むのは自然な事に思われがちだが、実は当時、西のCDUは、東のCDUに全く好感を持っていなかった。あのSED独裁の下で、唯々《いい》諾々《だくだく》と「野党」の振りをし続けてきた政党に期待などできるはずはない。しかも、慌てて党首に据えられたローター・デメジエーは、およそ覇気のない男で、西のCDUがパートナーにしたいと思う人物ではなかった。もっともデメジエーは、元はと言えばヴィオラを勉強し、その後、弁護士になったというから、政治家として覇気がないのは当然だったかもしれない。それどころか、コール首相はデメジエーに不信感を抱いていたという。

しかし、難色を示しながらも、1989年11月、西のCDU幹事長リューエは、デメジエ

ヴォルフガング・ショイブレ（写真提供：dpa/時事通信フォト）

ーに会っている。この会見の背景には、東の政治地図をなるべく自分たちのシナリオに近づけるべく糸を引いていた複数の人間がいたはずだ。

その証拠に、翌月には早速、西の内相、兼官房長官のショイブレが、東のプロテスタント教会本部の幹部シュトルペを通じて、デメジエーとの接触を試み始めた。そして、最終的にショイブレとデメジエーを引き合わせたのが、西ベルリン市長のディープゲンだ。なぜ私が今、このようにいちいち名前を挙げているかというと、彼らが悉《ことごと》く、のちのメルケルの経歴に係わってくるからだ。

ちなみに、西ベルリン市長ディープゲンの下で働いていたのがトーマス・デメジエー。前述の東のCDUの新党首ロータ―・デメジエーの従弟である。デメジエー家は、親戚が東と西に分かれていたが、重要なポジションに就いた人物が多い。

さらにいうなら、東のデメジエー家の人間は、多くがシュタージと関係している。一方、この西のトーマス・デメジエーは、のちにメルケル政権の下で、内相、国防相、官房長官などを歴任し、今でもメルケルの最も信頼している側近の一人に数えられる人物である。

1月上旬、西のCDUのショイブレ内相と東のCDUのデメジエー党首の合意が成立し、東西の協力体制が固まった。そこにDAとDSUを加えて保守同盟を作ろうという計画も、たぶん具体化しただろう。

力を失った東ドイツ政府

言うまでもなく、西のCDUはドイツ最大の党だ。つまり、泡沫政党であるDAにとって東のCDUとの統合は、ドイツ最大の党の一員となるための何よりの近道だった。当然、DAベルリン支部は熱心に東のCDUとのコンタクトを求めた。そして、メルケルがDAの報道官に選ばれたのが、前述の通り1月23日。

西のCDUというのは、ドイツで自分たちの右側に党はないと豪語していた自他ともに認める保守党だ。つまり、DAがその傘下に入るということは、すなわち社会主義の信条を完全に捨てることを意味する。それにもかかわらず、メルケルとDAの幹部が、躊躇せずその船に飛び乗ったことは前章で触れた。彼らのスローガン「社会主義との訣別」は実行に移されようとしていた。1月29日、東のCDU、DA、DSUは、保守連合「ドイツのための連合」を正式に結成し、選挙戦に突入した。

その翌日の1月30日、東ドイツのモドロフ首相がモスクワに呼ばれた。11月13日にクレムリンの意向で首相に据えられたモドロフだったが、彼はすでに東ドイツ議会で、国家経済の破綻を公表していた。それればかりか、国民がどんどん西に流出していく状況まで公にした。ついこの間まで、政府が全否定していたことだ。

ここまで力を失ってしまった東ドイツ政府など、モスクワにとってすでに利用価値はゼロだった。ソ連の幹部の間では、東ドイツでの覇権を失うことに対する焦りが高まっていた。こうなると、ドイツの統一は避けられないだろう。さて、どうすべきか？

クレムリンはそこで、ドイツ統一を西の主導ではなく、せめて中立なものにするという新たな目標を据えた。それと同時にゴルバチョフが旧連合国に働きかけ、ドイツの統一を阻止する作戦も開始された。結局、モドロフ首相は、表向きにはドイツ統一を掲げながら、なるべく時間稼ぎをするようにというモスクワの命を受け、ベルリンに戻った。２月１日、彼は言われた通り、国民に向かって統一の意思を示した。いわば、ドイツの共産主義者たちの敗北宣言の日であった。

「父親を置いてきぼりに」

この2月1日は、メルケルのDAでの正式な勤務が始まった日でもある。モドロフ政府の作った特例により、東ドイツ市民は、申請をすれば、選挙の間だけ休暇をとれ、本来の職業から解放されることになったため、メルケルはそれを利用したのだった。彼女は生き生きと、新しい課題に邁進していった。もう誰も、彼女にブレーキをかけることはできなくなった。

この時期のことを、ラルフ・ゲオルク・ロイトとギュンター・ラッハマンは共著『Das erste Leben der Angela M.』（アンゲラ・Mの前半生）の中でこう書く。

「彼女は、この方向転換に同調しなかった父親、ホルスト・カスナーを置いてきぼりにした。民主主義的社会主義という夢の終焉を前に暗澹たる気分になっていた父親は、西側の秩序に対する拒絶を隠そうともしなかった。また、彼女は弟からも離れた。（略）かつて、彼らには物理学に対する興味のみならず、東ドイツでの青少年の組織での活動などにおいても多くの共通点があった。（略）二人はともに、より良い社会主義を求めていたのだった」。

選挙活動に大きく貢献

メルケルの優秀さについては、異を唱える人はいないだろう。当然、DAでもまもなく、彼女の存在は無くてはならないほど重要になっていった。問題が起こると、皆がメルケルのところに来て、解決のヒントを乞うた。ザクセン州の文科大臣になったマティアス・リョスラーは、そのころのメルケルの手腕について、「独創的で、知的なだけでなく、全体を見通す能力があった」と後々に至るまで称賛を惜しまなかった。

最初、DAベルリン支部の報道官として任についたメルケルだったが、2月半ばには「ドイツのための連合」の選挙活動のため、担当領域はすでに東ドイツ全土に広がっていた。とはいえ、東ドイツという民主主義に無縁だった地域で、政治家でもなかった人間が集まって、初めての選挙戦に突入しているのである。党の混乱ぶりは、想像に余るものだったと思われる。ところが、その混乱が、メルケルの自由裁量の範囲をさらに広げる結果となった。たとえば彼女が開く完璧な記者会見は、たったの数週間で、メルケルという名前を西側の報道陣の間に知らしめることになった。ここへ来さえすれば、簡潔にまとめられた報告が得られ、必要なことは全てわかるという評判が定着した。

一方、DA党首シュヌアは東ドイツ中を駆け回っていた。選挙演説では、「社会主義的市場主義」や「環境に対する責任」などを訴えた。どちらも、彼が今まで考えたこともなかった話だ。また、変革に対する人々の不安に触れ、さらに、シュタージが人々の生活を壊すようなことが二度と起きない社会の到来を強調した。もっとも、これらのスピーチ原稿はほとんどメルケルが書いていたようだ。

つまり、ちゃんとしたコンセプトが存在しない党において、メルケルは自分で考え出したテーゼを党の方針に盛り込みつつ、選挙活動に大きく貢献した。また、DAの描く画期的な展望が、決してCDUの方針と矛盾しないことも強調した。つまり、DAとCDUとの同盟はごく自然なことだということをさりげなく知らしめたのである。

ただ、この頃、DAの「転向」に絶望した幹部たちの、二度目の離党の波が起こっていた。昔からの仲間であったノイバートもその中の一人だった。彼は当時のメルケルについて、こう切り捨てた。「彼女は我々が捨てた権力を、難なく道端から拾い上げた」と。

統一に賛成する国はほとんど皆無

さて、3党同盟「ドイツのための連合」の中で最強なのは、間違いなくCDUだった。ところが、DAの党首シュヌアは、なぜか、そのCDUよりもDAはさらに強いと信じていた。それどころか、「ドイツのための連合」が勝利し、政権を奪取した暁には、自分が東独の新首相になるつもりでいた。

もちろん、CDUがそれを認めるはずはない。「ドイツのための連合」が政権を取った暁

1990年、人民議会の会合の際にヴァイツゼッカー大統領と話すローター・デメジエー(左、写真提供:dpa/時事通信フォト)

には、新首相はもちろん、ＣＤＵ党首のローター・デメジエーであると彼らは主張した。それに対して、ＤＳＵもやはり自分たちの党首を推した。つまり、西のＣＤＵが選挙戦略上まとめた東の３党連合は、実際には全くまとまってはいなかった。

それでも、「ドイツのための連合」には、西のＣＤＵの資金と、その他、様々な物心両面の支援がふんだんにもたらされた。ＤＡは３月、『勃興』という名の独自の冊子まで出版し、発行人にはメルケルも名を連ねた。そして、この『勃興』には、なんと、コール首相までが寄稿したのである。

選挙戦で「ドイツのための連合」が強調したのは、言論の自由、旅行の自由、シュタージからの自由といった「民主主義」の理念と、通貨の統合だった。特に、通貨については、コールが応援するCDUが政権を握れば、それだけ早くドイツマルクへの統合が行われるだろうと、人々は大きな期待を抱いた。「ドイツマルクが来るなら、こっちに居よう。ドイツマルクが来ないなら、あっちへ行こう」と人々は愉快に囃《はや》し立てていた。

ただ、現実に、政治の舞台裏では何が起こっていたか？　コール首相が直面していたのは、東ドイツの国民に示していたバラ色の展望とは打って変わった深刻な問題だった。ゴルバチョフはコールに統一の条件として、中立のドイツを作るよう主張していたが、ブッシュ米大統領は、統一ドイツがNATOに加わることを要求した。これ以上に対立する案件は考えられなかった。ただ、東ドイツには55万近いソ連軍が駐留している。つまり、彼らが居座れば統一はできない。ソ連に対するコールの立場は弱かった。

しかも、実はこの頃、ヨーロッパでドイツの統一に賛成する国はほとんど皆無だった。コール首相が盛大な歓迎を受けたのは東ドイツにおいてだけで、あとはどこへ行っても、嫌がらせの嵐に見舞われ、彼はあの巨体を遠慮がちに縮めていたのである。

週刊誌に売られたシュヌア

さて、選挙戦もたけなわのその頃、実はDAは由々しき出来事に悩まされていた。党首シユヌアがシュタージのＩＭ（非公式協力者）だったというおどろおどろしい噂を、どうしても消すことができなかったのだ。報道官メルケルにとっても、この噂の処理は日増しに厄介になっていた。それを根も葉もない噂であるとして強引に切り捨てていたのは、西側から派遣されているコンサルタントたちだけだった。彼らは厄介なことには巻き込まれたくなかったのだ。

３月７日、北ドイツのロストックにあるＤＡの事務所から急報が入った。同地の役所でシュタージの秘密書類が発見され、そこにシュヌアの関与を示す文書があるらしい。ＤＡに戦慄が走った。

ただ、その後、起こったことは、混乱している国でしか起こり得ないことだった。その書類の中身が、元シュタージの職員の手によって、ロストックの管轄当局が見もしないうちに10万マルクで週刊誌に漏洩《ろうえい》したのだ。売ったのが誰であったのかは、今も謎だという。

しかし、当時、ＤＡの内部では、まだ多くの幹部がシュヌアを庇《かば》った。そんなことは信じたくないという気持ちが、皆の冷静な判断を鈍らせていたのか。当のシュヌアも、モドロフ政権の、シュタージに関する書類はひとまず凍結するという方針を盾に、幹部との答弁を拒否した。そして、自分は一度もシュタージのために働いたことはなく、シュタージの勲章を受けたこともないということを文書にして提出し、挙げ句の果て、潜伏してしまった。

ただ、これは全く不自然だった。というのも、東ドイツでは、ある一定以上の地位にある者が、シュタージと関わりなく職務を行うことは、ほぼ不可能であったからだ。

さて、投票日があと6日に迫ったとき、有名ニュース週刊誌『シュピーゲル』が、爆弾を炸裂させた。シュヌアがシュタージの協力者で、長年、反政府主義者の密告にかかわっていたということを、疑いの余地のないほど詳しく報じたのだ。情報源は、元シュタージの将校であったというが、詳細はわからない。

すぐにエッペルマンがロストックに急行した。いずれにせよ、これを選挙までの6日間、大したことではないように見せかけることはもう不可能だった。戻ってきたエッペルマンを囲んで、DAのオフィスにいた全員が茫然自失となった。

「メルケルは神経を集中させていた」

そこで即座に行動を開始したのがメルケルだった。作戦を練るため、まず、ジャーナリストと、西から来ている職員をオフィスから締め出した。前出の『アンゲラ・Mの前半生』によれば、最後に部屋を出たジャーナリストの一人、トーマス・シュヴァルツが、そのときの様子をこう語ったという。

「部屋にはタバコの煙が立ち込め、全員が惨めな気持ちだった。そして、ドアの外には、重要な選挙の直前に保守派が破滅に向かっているのを面白がっているジャーナリストたちが群がっていた。しかし、アンゲラ・メルケルは神経を集中させていた。そして、まるで当然のように、そこにいた男たち全員が、その高い役職にもかかわらず、この若い女性の方を見ていた」。メルケルがすでに、一介の報道官よりも、ずっと重要な地位を得ていたことが、ありありとわかる。この夜、遅く、彼女が憤った様子でオフィスから出てきて、ドアを叩きつけるように閉めたところを、西の公営第一放送ＡＲＤのニュースがつぶさに捉えていた。

その翌日は、恒例の記者会見の日だった。予定されていたテーマは「ヨーロッパの政治」。しかし、もう誰もそんなものに興味はなく、質問はすべてシュヌアのスキャンダルに集中した。そこにいた記者の中には、シュヌアがこの時、すでに東ベルリンの病院に入院していたことを知っていた者までいたことに、メルケルはショックを受けた。

シュヌアは確かに病院にいた。そして、モドロフ首相がこの日、病床のシュヌアを見舞ったと言う。モドロフはそれを首相としてではなく、自分がシュヌアに信頼されている人物だから訪ねたと言ったそうだが、すべては不可解だった。なぜ、モドロフがこの期に及んで、シュヌアに対する好意をデモンストレーションしなければならなかったのか。

いずれにしても、民主主義を大声で唱え、シュタージを弾劾《だんがい》していた人物は、シュタージのＩＭだった。そして、その人物は選挙のわずか４日前に完全に失脚した。急遽、代わりに党首の座に就いたのがエッペルマン。こちらもシュヌア同様、メルケルとは長年の馴染みである。しかし、もはやDAには、選挙で僅かなりともチャンスがあるとは思えなかった。

「正しい社会主義」には見向きもせず

3月18日、当然のことながらDAは惨敗、得票数は1％にも満たなかった。党の幹部は色を失い、メルケルは一瞬、いよいよ科学アカデミーに戻る時がきたかと思ったという。

この選挙で圧勝したのがCDUで、得票率は40％を超えた。事前の予想では、SPDが勝つと思われていたのに、蓋を開けてみたら、たったの21・9％の得票で2位にとどまった。

CDU圧勝の原因は明らかだった。西のCDUのテコ入れ、さらに正確にいうなら、東ドイツの国民のドイツマルクに対する期待が炸裂したのだった。そして、3位につけたのが、この前までの独裁党SEDの変わり身であるPDSで16・4％（SEDはたとえ党名をSED／PDSと変えてもイメージチェンジは容易ではなかったらしく、選挙の1ヶ月前の2月、党名は再度変更され、SEDを消して、PDSだけになった）。

投票率は93・4％という記録的な高さで、いかに人々が民主主義に飢えていたかがわかる。一方、メルケルが左過ぎると言った「新フォーラム」などが3党で作った「同盟90」は、たったの2・9％しか票を取れなかった。

東ドイツの国民は、過激な左派の市民運動にはっきりとノーを突き付けた。いや、社会主義の匂いのするものには、たとえそれが「正しい社会主義」であったとしても、もう、見向きもしなかった。つまり、メルケルの作戦「社会主義からの訣別」が、まさに正しい決断であったということが、ここで明確に証明されたのだ。

デメジエーに釘を刺す

とはいえ、DAの惨敗は如何《いかん》ともし難かった。すでに予想されていたこととはいえ、この救いようのない結果を前に、メルケルははたしてどうしたか。

DAにとっての不幸中の幸いは、「ドイツのための連合」という政党連合の一員であることだ。しかも、CDUは圧勝している。これを利用すれば、DAはたとえ1％にも満たない得票率だったとはいえ、内閣の片隅に潜り込めるはずだと、メルケルは考えた。

この敗北選挙の夜のメルケルの行動が興味深い。彼女は、選挙コンサルタントを務めたクラウス・デッチェンと共に、共和国パレスに急いだ。共和国パレスというのは、東ベルリンの中心にある巨大な建物で、人民議会の他、コンサートホールや美術館、ボーリング場、ディスコ、映画館、レストランなどの娯楽施設が入っている。統一の後、アスベスト汚染のため取り壊されたが、撤去を悲しむ人は多かった。東ベルリン市民なら誰しも、ここで、結婚式やデートなど、多くの懐かしい思い出を持っていたからだ。

いずれにしてもこの夜、報道センターが共和国パレスに設置され、ジャーナリストや関係者で上を下への大騒ぎになっていた。東ドイツの人々にしてみれば、これまでテレビで見るような光景が、初めて自分の国で繰り広げられていたということになる。

メルケルはここで選挙の勝者デメジエーと話をしようと考えたが、あまりの混雑で、彼のところまで行き着くことができなかった。そこで、CDUの祝賀会の会場で、まもなくやってくるはずのデメジエーを待とうと考えた。その頃には、メルケルのパートナーであるザウアーも合流した。しかし、記者証も、招待状も持ち合わせていなかった彼らは、CDUの祝賀会会場に入れなかった。

行き場のなくなった彼らは仕方なく、DAが予約していたレストランに向かった。本来なら、ここで選挙の成功を祝っているはずの党首エッペルマンが、落選した議員たちと共にやけ酒を飲んでいた。

ただ、どういう事情であったのか、この晩、ずっと遅くなってから、メルケルらはロータ－・デメジエーに会うことができたという。この夜のデメジエーは、心ここにあらずといった風情だったというが、メルケルは祝辞を述べ、そして、「選挙運動におけるDAの働きを忘れないでほしい」と釘を刺した。

東ドイツの店仕舞い

デメジエーとはいったい誰か？

実は彼は、壁が落ちた後、傀儡《かいらい》野党のイメージの強かった東のCDUに改革をもたらすためには、新しい党首は、これまで党員ではあったが幹部ではなかったという人物がふさわしいという理由で選ばれた人物だ。ただ、彼はその時も、そして、当選した今でさえ、なぜ自分がそんな役回りを背負ってしまったのかがよくわかっていなかった。

すでに記したように、デメジエーは音大でヴィオラを勉強した後、父親の伝《つて》でさらに法学を勉強した。その後、彼は父親と同じく、東ドイツの弁護士団の一員となった。弁護士団には党に忠誠を誓った人物しか入れない。数日前に大スキャンダルで吹っ飛んだシュヌアも職業は弁護士だった。つまり、デメジエーの中身も、実は、そのシュヌアとさほど変わらなかったと言える。

また、デメジエーは、やはり父親と同じく、軍法裁判所での弁護士資格も持っていた。軍法裁判所とは、シュタージの長官であるミールケが、裁判の始まる前に多かれ少なかれ判決を決めていたという悪名高き裁判所だ。ここで国家の転覆を図ったと目されれば、あっけなく銃殺刑で消されても文句の持って行き場所はなかった。

デメジエーはさらに、これも父親と同じく、シュタージのIMに名前を連ね、プロテスタント教会の幹部という衣の下、東ドイツのさまざまな政策の実行に陰に陽に尽力してきた。そんな彼の目の前に、今、期せずして東ドイツの首相という大役がぶら下がっていた。決して自分で求めた役ではない。それどころか、彼の頭の中では、数日前のシュヌアの姿が、自分の運命と重なって堂々巡りしていたに違いない。

選挙の後、不安に駆られたデメジエーが頼ったのが、弁護士団にいた頃の上司、グレゴール・ギズィであったという。やはり二世弁護士のギズィは、素晴らしく頭の回転が速く、しかも、天才的な話術の持ち主だった。ソ連とも太いパイプがあったと言われる。

当時のSEDの党員で、現在もなお政治家として活躍している人は多くないが、その稀な人物の一人がギズィである。彼が国会で演壇に立つと、その簡潔で、ユーモアのあるスピーチに、敵も味方も湧く。デメジエーが頼ったそのギズィは、SEDの後継党で、民主的に変貌したというPDSの党首となっていた（現・左派党）。

実は、デメジエーが11月にCDU党首に推薦されたときも、真っ先に訪ねたのがギズィだったという。その時、ギズィはデメジエーに党首就任を勧め、東ドイツを独立国として存続させるために努力するよう激励した。そして、何か難しい問題に直面した場合は援助を惜しまないと約束したが、それは言い換えれば、ソ連を無視してうかつな行動はするなという意味だっただろう。ギズィはデメジエーを手足として、ソ連、および自分たちの意思を東ドイツの政治に反映させようとした。しかし、多くのことが彼らの期待外れの方向に進んでしまったことは、すでに書いたとおりだ。

そして今、選挙の結果は、東ドイツの存続が不可能であることを明確に示していた。これから建てられる東ドイツ政府は、東ドイツを店仕舞いするためのものでしかない。

それでも、ギズィはデメジエーに首相に就任するよう指示した。ギズィは、今なお手足が必要だったのだ。それにしても、新党であれ、既存の政党であれ、東の政治家が揃いも揃って、いかにＳＥＤ政権やシュタージと近しかったかという事実は、まさに驚嘆に値する。

全員が失脚したわけではない

デメジエーは、４月12日に首相に選出された。そして、メルケルのお陰かどうか、新しい内閣では、１％以下の得票数であったにもかかわらず、ＤＡ党首のエッペルマンが、国防相の地位を手に入れるのである。そして、メルケル自身は、東ドイツ政府の副報道官として、まさしく店仕舞い直前の東ドイツ政府の中枢に入り込んだ。４ヶ月前までは名も無い研究者であったことを思えば、シンデレラのような変身である。もちろん、これなど、その後の大変身からすれば、助走の、そのまたウォーミングアップ程度に過ぎなかったが、当時は誰もそんなことは知る由もなかった。

一方、首相に就任したデメジエーは、自分が置かれた状況にうまく適応することができなかった。先に書いたが、デメジエー家というのは東西に権力を持つ家柄だったが、東の面々はシュタージと深く繋がっていた。

ドイツの統一に際して、シュタージ、シュタージと大騒ぎし、繋がりのあった者が容赦なく放擲《ほうてき》された事件は山ほどあったが、しかし、よくよく見れば、シュタージと関係していた全員が失脚したわけではない。のちにブランデンブルク州の首相や連邦の交通大臣まで務めたシュトルペも、シュタージと明確な関係があったにもかかわらず、政治家としてしっかり生き残った。それどころかギズィにはずっとシュタージ疑惑が付き纏ったが、2016年に疑いは証明できないとして不起訴が確定した。他も数え上げればキリがない。

ただ、結果から言うと、ローター・デメジエーは生き残れなかった。前述のように、彼の従兄弟、トーマス・デメジエーが、メルケルの最も信頼している側近の一人であったにもかかわらず、である。あるいは、だからこそ生き残れなかったのかもしれない。西と東の間には、表に出ない複雑な関係が多くあり、それは容易に理解できることではなかった。

ちなみに、ローター・デメジエーは失脚した後も、自分は犠牲者だと思っていた節がある。のちの彼の著書の題名は『私の子供たちが嘘をつかなくても良くなるように』。彼に嘘をつかせたのは政治システムだったと言わんばかりの、何とも未練がましい題名であった。

なお、シュヌアはというと、こちらは波乱万丈の人生だった。１９９１年、統一後のベルリンで弁護士事務所を開いたものの、２年後には、依頼人の利益に反する行動を取ったとして、その資格を剝奪されている（ドイツの刑法で禁止されている行為）。その後、投資コンサルタントのような仕事もしているが、97年には裁判長侮辱で、また、99年には倒産処理の不正で、それぞれ処罰を受けている。その他にも不祥事が多く、最後にはウィーンで貧したまま、２０１６年に病死した。44年に生まれ、孤児院で育った男の悲しい一生だった。

ソ連に盾突く気力はなかった

さて、東ドイツに誕生した民主政権に話を戻す。これは東ドイツ最後の、しかも短期終了が運命づけられていた政権だったが、すべきことは山ほどあった。4月19日、デメジエーは施政方針を発表。そこでは環境に配慮した資本主義への移行、そして、交換レート1対1によるドイツマルクの導入が謳われた。また、自分達を解放してくれたゴルバチョフへの感謝、また、将来のソ連との変わらぬ協力体制、ワルシャワ条約機構への忠誠などが述べられたが、しかし、将来のソ連の軍事同盟に関しては、一切触れられていなかった。

ただ、本当はこれこそがソ連が一番こだわっていた点だった。そして、実はデメジエーはソ連に盾突く気力などさらさらなく、つまり、ソ連の意向に添う国防大臣を必要とした。そこにDAのエッペルマンが抜擢されたことは興味深い。DAがいかにソ連と近かったかという証拠である。ただ、その後、ワルシャワ条約機構は崩壊し、統一ドイツはあっさりとNATOに加盟するのだが、当時のデメジエーの脳裏には、まだそんなシナリオはなかった。

このあと直ちに、正式な国家統一に向けての骨子を定める「統一条約」の起草が始まった。いわば、東ドイツを消滅させた上で、西ドイツに編入させるための準備である。西ドイツの基本法（憲法に相当）には、元々、統一を見越した第23条というのが存在した。ここには、「同基本法は差し当たり、西ドイツ地区のみで有効とする。東ドイツ地区でも、西ドイツへの編入後、効力を発する」と明記されており、結局、東ドイツ側には、それほど裁量の余地が残されていたわけではなかった。

しかも、交渉の内容には常に、シュタージの協力者をどうするか、あるいは、シュタージの記録をどう取り扱うかという問題がモヤのように付き纏《まと》い、東ドイツ側の交渉人たちは、大きな不信感に囚《とら》われたまま、まともに西側に対峙することさえできなかった。最初から敗北していたといっても良いかもしれない。

なお、この交渉を仕切ったのは、西側はショイブレ内相、東側はギュンター・クラウゼ首相府副長官だった。東ドイツ時代、長年、傀儡《かいらい》政党CDUに所属していたクラウゼだったが、この頃、メキメキ頭角を現し、すでに政府内ではデメジエーを凌ぐ力を持ち始めていた。もちろん、東ドイツ時代は、シュタージと密接な関係を持っていたことも知られている。そして、奇しくも、後になって、東のクラウゼと西のショイブレの両者ともが、メルケルの犠牲者と言われることになるのである。

なぜ共産主義者を放置、黙認したのか

さて、副報道官となったメルケルは、新しい東ドイツ政府内でクラウゼと共に、弱々しい党首を支える役割を担っていた。そして、さらにもう一人、力を増してきていたのがティロ・シュタインバッハ。「キリスト教平和会議」の出身だ。「キリスト教平和会議」というのは第１章で触れた通り、核兵器廃絶や世界平和を謳いつつ、共産主義の宣伝工作に関与していた組織で、東ドイツのみならず、世界の多くの共産主義者が隠れ蓑として使っていた。そこに、メルケルの父親も係わっていたことはすでに書いた。

過去にＦＤＪの幹部でもあったシュタインバッハは、ドイツ統一の時、まだ28歳だったが、シュタージのＩＭとして暗号名まで持っていた。東のＣＤＵが改革に迫られていた頃、それまでの党首であったギヨッティングを追い落とし、その代わりにデメジエーを据えたのが、他でもないシュタインバッハだったという。そして、デメジエーは、そのシュタインバ

ッハを新政府で外交委員として起用し、連合軍との平和条約の交渉に当たらせた。

そのシュタインバッハの後ろ盾となっていたのが、やはり「キリスト教平和会議」のカール・オートヌゥンクで、彼はローター・デメジエーの父親の同志だったという。ローター・デメジエーの父親、クレーメンスは、東のCDUの幹部で、自分がソ連とSEDの協力者であることをさして隠そうともしなかった強者《つわもの》だ。東ドイツ政府の書類には、メルケルの父親カスナーと共に、よく名前が挙がっていたという。

また、新政府の外務政務次官のラジマノフスキも、やはり暗号名を持つIMであったし、さらにデメジエーに影のように寄り添い、巨大な影響力を行使していたシルヴィア・シュルツという女性は、シュタージのみならず、ソ連のKGBとも関係があった。

つまり、新生東ドイツ政府は民主政権と言いつつ、生え抜きの共産主義者がずらりと加わっていたわけだ。消えたはずの旧東ドイツの体制は一向に消えていなかった。この状況を見れば、メルケルもやはりその体制を保つための一人であったかと考える方が自然に思える。

ただ、わからないのは、なぜ西側がこれを放置、あるいは黙認したのかということだ。気が付いていないはずはなかった。もっとも、そのあと、彼らは一人、一人と消えていくので、いずれゆっくり消していけば良いと思っていたのだろうか。ただ、一人、いつまで経っても消えない人物がいた。メルケルである。

第4章

羽ばたくメルケル

ドイツ統一の事務方として

ヨーロッパの覇権をめぐる最後の勝負

メルケルの上司ゲーラーは、報道官として主に人民議会を担当したため、副報道官のメルケルはマスコミを引き受け、週に2回、記者団を相手に報告会を行っていた。そこで彼女はたちまち頭角を表し、たまたま他の者が報告を代行した時は、その内容の格差が話題になるほどだったという。

また、毎朝、デメジエー首相に、前日に何がどのように報道されたか、レクチャーすることも日課となった。彼女は、世界中の主要紙の報道から、大切と思われるものを抽出し、分析し、問題提起し、必要とあらばその解決策まで提案した。それは副報道官というよりも、すでにデメジエーの首席補佐官の姿だった。その後、メルケルが、デメジエーが記者会見で話す内容を指示するようになるまでに、それほど長い時間は掛からなかった。

この時期、ヨーロッパの一角で起こっていたドイツ統一をめぐる動きは、実は、ヨーロッパの覇権をめぐる米ソの最後の真剣勝負だった。特にソ連にとっては、東ドイツが西側の手に落ちるということは、そのまま将棋倒しのように、自らをも含む東側ブロックが崩壊する危険を意味した。当然、ソ連はあらゆる手を使って、東ドイツが西ドイツに呑み込まれることを阻止しようとした。つまり、この頃はまだ、本当にドイツがすんなりと統一に向かうか否かは、五分五分の状況だったのだ。しかも、ソ連にとって幸いなことに、ヨーロッパの主要国の多くが、ドイツが統一して再び強大になることに難色を示していた。

焦るコール首相

この熾烈な戦いの渦中にいながら、肝心の東ドイツ政府は根無し草のように頼りなかった。決めるべきことはたくさんあり、どんなミスも許されなかった。しかも、多くが西の政治家の手に握られていたのに、東には、その際どい状況を冷静に把握し、正確な決断を下せる人間は、たった一握りしかいなかった。その数少ない人間の一人がメルケルであったことは、言うまでもない。

メルケルは、西ドイツと良い関係を保ちながらも、統一の際に、東ドイツ政府の立場を少しでも有利にすることを考えた。統一が、ボンやモスクワに屈したものであってはならない。重要なのは、国民の不安を取り除き、誰もが統一は素晴らしいものだと思うような空気を醸成することだ。それには、国民の意見を自分たちの後ろにつける必要がある。統一が、東ドイツ国民の総意に則って進められていると国民が感じるためには、はたしてメディアに向かってどのような広報を行うべきか。メルケルは必死だった。

その熱意が昂じたのか、デメジエーがテレビのインタビューを受けている最中に、横で見ていたメルケルが介入し、デメジエーに何かを囁《ささや》き、強引に撮り直しをさせるということまで起こったという。彼女の力は、首相の失言を指摘し、訂正させられるほどまでに伸張していたのだ。しかし、普段のメルケルは決してしゃしゃり出ず、相手を納得させる提案をすることによって次第に重要な地位を得ていった。それが可能だったのは、彼女がずば抜けた能力を持っていたからだが、ただ、それだけではない。その影には人知れぬ努力が隠されていた。メルケルが努力の人であるのは、首相に上り詰めた後も変わっていないように思う。

一方、前述の東西ドイツの統一条約の起草が急がれていた。そこに携わっていた人たちが神経をすり減らしていたのは、依然として軍事同盟だった。統一した後に、NATOとワルシャワ条約機構はどうなるのか。コール独首相とブッシュ米大統領は、統一ドイツがNATOに加わるのは当然のことだと信じて疑わなかった。しかし、ソ連は違った。ソ連によれば、統一ドイツは中立であるべきだった。NATOのそれ以上の東方拡大は、ソ連にとって危険すぎた。

コールは焦っていた。この軍事同盟の問題は、早急に解決してしまわなければ面倒なことになるという予感があった。特に、「全欧安全保障協力会議」の面々が口を出し始めたら、論争はたちまちタガが外れるだろう。下手をすると、統一が無期延期になってしまうかもしれなかった。

全欧安全保障協力会議は1973年にヘルシンキで結成され、ヨーロッパ33国、ソ連、アメリカ、カナダが参加していた。現在の「欧州安全保障協力機構」の前身で、冷戦下における東西陣営の対話に大いに貢献した組織である。しかし、とコールは思った。今は、彼らには黙っていてもらわなければならない。この問題は早急に片付けて、何が何でも一気に統一に持ち込む。コールの頭の中には、ドイツ統一しかなかった。

ここからのドイツの動きは、ほとんど神業的になっていく。することは山ほどあった。統一のためには統一条約を締結しなければならない。そして、前章で述べたように、連合国側と平和条約をも結ばなくてはならない。

つまり、その二つの条約だけでも大ごとなのに、この頃のドイツではさらに、通貨統合のための準備や、計画経済を自由経済に移行させる補助機関としての信託庁の設置まで、多くの、しかも極めて複雑なプロジェクトが並行して進められていた。

なぜ1対1の交換レートだったのか

ちなみに、この時期に起こった数々の出来事の中で、東ドイツの人々にとって強烈なインパクトがあったのは、1990年7月1日に施行された通貨の統合である。通貨統合条約の正式名は「経済・通貨・社会同盟条約」で、通貨統一と同時に、東西ドイツの国境での検査も廃止された。国家の統一も待たずに通貨統合が断行されたのは、世界でも極めて強い通貨の一つであるドイツマルクと、紙屑になりつつある東ドイツマルクが無秩序にニアミスをしており、金融の混乱が始まりかけていたからだ。1日も早く新秩序を作る必要があった。

そこで、西のドイツマルクと東マルクが、その価値の天と地ほどの違いにもかかわらず、2000マルクまでは1対1のレートで、それ以上は1対2で交換されることが決まった。東ドイツの国民は欣喜雀躍したが、結局はこの措置が東ドイツ地域の産業を余すことなく壊滅させ、しかも、ドイツ全土をその後10年以上にも亘って不況に陥《おとしい》れることになる。

前章で触れたが、壁が落ちた後、東ドイツ国民はドイツマルクを希求した。いや、正確にいうなら、コール首相が通貨同盟というアイデアを東ドイツの国民の目の前にぶら下げ、それによって、選挙で東のCDUをまさかの圧勝に導いたのである。ただ、選挙に勝つという目的は果たせたものの、通貨同盟には構造的な無理があった。

東マルクの価値は、東ドイツ内の公式レートでは1対1だったが、貿易においては5対1、あるいは6対1というレートが準公式で使われていた。壁が落ちた後のレートは10対1、さらに12対1ぐらいにまで暴落していたが、いわば、それが両通貨の実力だった。

では、なぜ、通貨統合において1対1という全く価値にそぐわない交換レートが定められたかと言えば、実際の価値に合わせた交換レートでは、東の国民の手持ちのお金の価値が激減してしまうからだ。そうなれば、統一ドイツは間違いなく不穏になる。それを避けるためには、誰もが現実を無視するしかなかった。

ただ、現実を無視すれば、実質経済は壊れ、東ドイツの産業は生き残ることができなくなる。東はそれまでは、様々な製品を中東欧の国々への輸出に回して外貨を稼いでいたが、突然、その道が絶たれた。同時に、こうして破産した東ドイツの救済を引き受けた統一ドイツもまた、しばらくすると、深い不況の闇に落ちていった。

通貨統合の前に、おそらくこれらは正確に予想されていた。しかし、この時点では、いかなる犠牲もドイツ統一を妨げるものではなかったのだ。

2＋4条約の断行

一方、5月5日には、東西ドイツと連合国4国の外相が集まり、45年間お預けとなっていた平和条約の交渉も始まっていた。いや、結論から言うと、平和条約の代わりに、「ドイツ最終規定条約」という名の条約が締結されることになる。東西ドイツ2国＋米英仏ソ4国が結んだ条約なので、通称2＋4条約と呼ばれる。

なぜ、平和条約という形式を取らなかったか？　それは、簡潔にいうなら、コール首相の究極の目標のため、つまり、すべてをさっさと片付けるためだった。

40年間、膠着《こうちゃく》していた状態を塗り替えることは容易ではない。ましてや平和条約を結ぶとなれば、当時の参戦国が続々と名乗りを上げ、当然、戦時賠償問題が持ち上がるだろう。ドイツを相手に戦ったと主張する国は、ブラジルからタイまで世界中に散らばっており、皆、手ぐすねを引いて待っていた。それらの国々から次々に賠償が請求されれば、「終戦」はいつになるかわからなかった。

さらに難しかったのは、前述の軍事同盟の問題だった。そして、ドイツが統一した後、その兵力をどの程度にするか。すべてが複雑だったが、もし、全欧安全保障協力会議を締め出し、2+4の6ヶ国だけでやれるなら、これも、それなりのスピードアップが見込めた。

結局、2+4条約では、被害国がドイツに賠償を請求する権利はもちろん、旧ドイツ国防軍の犯した戦争犯罪についても、一切、言及されることはなかった。その代わり、「今回統一される領土の他にドイツの領土は存在しない」という意味のことが基本法（憲法に相当）に書き足され、ドイツは、戦後、ポーランドに割譲されていた固有の領土を永久に放棄したのだった。

ちなみに、ドイツの旧敵国は70ヶ国にも及ぶ。終戦直後、英米ソ仏の4ヶ国は占領軍としてドイツに駐留していたため、貧乏のどん底のドイツから思う存分、賠償を吸い上げている。フランスやイギリスやソ連は、工業製品や資源を搾取し、アメリカは資産や知的財産や特許などを奪った。それどころか、科学者ごとアメリカに連れて行くことまでした。

しかし、たとえば東ヨーロッパの国々は、長らく西ドイツとは国交がなかったため、被害が大きかったにもかかわらず、満足な補償を受け取ることができなかった。ポーランドは気の毒にも、ソ連に賠償をピンハネされている（旧東ドイツは、自分たちはヒトラーのドイツ帝国の継承国ではないという理屈で賠償責任を回避できた）。したがって、２＋４条約という解決法には不満を持った国も多かった。ギリシャやポーランドは、今でもドイツに未払いの戦時賠償を求めている。

「東ドイツ地域にNATOは要らない」

さて、では、統一ドイツの軍事同盟の方はどうなったかというと、こちらは西ドイツとソ連の綱引きが過熱し、遅々として進まなかった。東ドイツ政府が、コールの言うことよりも、モスクワの方に忠実だったせいもあり、交渉は難航した。おそらく、東ドイツとしては、これまで最大の仮想敵国だった西ドイツとともにＮＡＴＯの傘下に入るというシナリオには、感情的にかなりの抵抗があったのではないか。しかも、それは西ドイツの指令下に入るということに等しく、ソ連の指令下に入るよりも屈辱的なものだったのだろう。

４月29日、デメジエーはモスクワに飛ぶ。もちろんメルケルも同道している。ロシアとの交渉の場で、相手方の内輪の会話まで漏れなく理解出来るメルケルは、絶対に欠かせないメンバーとなっていた。

ソ連の指導者の考えは鮮明だった。東ドイツ地域にNATOは要らない。東ドイツの人民軍がそのまま国防を継続し、軍事作戦も技術も、NATOとではなく、これまで通りワルシャワ条約機構と共有するというものだ。

これにはさすがのデメジエーも仰天した。彼の自伝『私の子供たちが嘘をつかなくても良くなるように』によれば、この時、抵抗した様子が綴られている。東ドイツの首相が命令を拝受するためにモスクワ詣でをした時代はもう終わった。自分は自由な選挙で選ばれた国会議員からなる大連立に支えられている。だから、今、すべきことは、東西ドイツ両国民の利益を吟味し、その実現の方法を考えることである、等々……。

同著によれば、それを聞いたゴルバチョフは激怒したとのことだが、私には、ここら辺の描写はどうも信じ難い。いくら世界の情勢が急速に変わりつつあるからと言って、骨の髄まで染み付いていたと思われるソ連に対する畏怖の念が、それほど簡単に拭い去れるものだろうか？　どちらかというと、ゴルバチョフの前のデメジエーは、猫に睨まれたネズミだったような気がしてならない。

その翌月、デメジエーはワシントンに飛んだ。そこで彼は、ドイツは東西両陣営の架け橋になると言って、今度はブッシュを怒らせる。「東（ワルシャワ条約機構）の兄弟たちはNATOの規模に不安を覚えている」というデメジエーの言葉を聞いたブッシュは啞然とし、それをそのまま電話でコールに伝えた。コールは、デメジエーの言葉は「国民の不安より、共産党幹部の懸念を反映した奇妙な発言」だとコメントした上で、「中・東欧の国民は、西側の軍隊を脅威とは感じず、民主主義と自由の使者と見るだろう」と答えた。

そんな中、6月22日には2＋4条約交渉の第2段が始まり、各国の外相が顔を突き合わせた。ところが、ここでソ連のシュワルナゼ外相が不思議な提案を持ち出す。統一ドイツは、NATOとワルシャワ条約機構の両方に加盟するのが良い。さらに、連合4国は今後5年間、それぞれの軍隊をこれまで通りドイツに留めおく。つまり、東ドイツに駐留している54万6200人のソ連軍も、そのまま留まるということだ。そして、ドイツ内の東西のバランスを取るため、旧西ドイツの軍隊は縮小する。

米・英・仏と、西ドイツの外相は皆、呆気に取られたが、彼らを心底驚愕させたのは、東ドイツの外相がその提案を歓迎すると言ったことだった。こうして、2＋4条約の交渉は完全に脱線した。

そうする間に、7月1日、前述のように、東西ドイツの間で通貨が統合され、さらに、人の行き来も自由になった。そして、翌2日、東西ドイツの統一条約の協議が開始された。すべてが統一に向かって急速に進んでいることは明らかだった。なのに、ソ連が首を縦に振らないことで、肝心の2＋4条約が進まなかった。

そこで7月の半ば、しびれを切らしたコール首相がゴルバチョフとトップ会談をするため、モスクワへ飛んだ。しかし、話は纏まらず、故郷のカフカスに移動したゴルバチョフを、コールは必死で追いかける。そこでゴルバチョフはようやく、署名の可能性を示唆した。しかし、もちろん、それには条件があった。大々的な経済援助である。

コールとゴルバチョフの踏み込んだ魔界

この頃のソ連はデフォルト寸前まで追い詰められていた。すでに流通は機能せず、国民は食料品や日用物資にも事欠く状態で、クーデターが近づいているという噂も、かなりの信憑性をもって囁《ささや》かれていた。ゴルバチョフが倒されれば、ドイツ統一の話は間違いなく頓挫する。

したがって、モスクワへ飛んだコールのカバンの中には、ゴルバチョフへの手土産として、50億ドイツマルクの融資が入っていた。それを受け取ったゴルバチョフは、東ドイツから引き揚げるために掛かる経費を全額ドイツが持つなら、ソ連軍を撤退させようと言った。コールは、すぐさまそれを約束しただけでなく、さらに、ABC（核・生物・化学）兵器の完全放棄と、統一後のドイツ軍の規模を37万に留めるということまで約束した。結局、交渉はこれで手打ちとなり、7月16日、「カフカスの奇跡」として世界に向けて公表された。

特筆すべきは、当事国であるはずの東ドイツが、一切、この決定に加わっていなかったことだ。ドイツの主権の在り処は、最終的にコールとゴルバチョフが財布の中身を見せあって決めた。ソ連の後ろ盾で民主的な社会主義国家を建設するという一縷《いちる》の希望をまだ捨てていなかったエリートたちは、ここで完全に梯子《はしご》を外された。

結局、この合意で、コールはゴルバチョフの苦境に付け入り、ゴルバチョフはコールの苦境に付け入った。では、両者の痛み分けかというと、そうでもない。彼らはどちらも自らの目的を果たしている。ゴルバチョフは東ドイツを売ってソ連と自分を救おうとし、一方のコールは、西ドイツの国民にどれほどの経済的負担が掛かろうとも、ドイツ統一という自らの歴史的業績を打ち立てようとした。これを二人の「英断」と見るべきか、あるいは「謀議」と見るべきか。

二人の首脳はこのあと別々の道を歩む。ドイツの統一は、結局、彼らのうちのどちらをも花道に導くことはなかった。今、振り返ってみると、あの決定こそが、政治家である彼らが踏み込んだ魔界だったのではないか。間違いなく、あそこから彼らの奈落への道が始まった。

いずれにしても、こうして2＋4条約への目鼻がつき、調印は9月12日と定められた。一方、統一条約の交渉も猛烈な勢いで進み、8月31日には東ベルリンで調印された。ドイツ統一の日程は10月3日。もう、すぐ目の前だった。

「スターリンが勝利した第二次世界大戦をゴルバチョフが敗戦に」

さて、メルケルはというと、事務方としてこれら両方の協議に携わっている。情報収集や分析の正確さで彼女の右に出る者はいなかった。ソ連の関係する交渉では、彼女の存在はとりわけ貴重だった。一方、ジャーナリストの間でも、メルケルの評価は依然として高かった。彼女のまとめる報告が、ベルリンで得られる情報の中で一番役に立つという評判は、すでに広く定着していた。

2＋4条約の調印でモスクワに同道した時、メルケルはデメジエーに頼まれて、モスクワの巷の声を拾っている。モスクワの人たちは、いったいドイツの統一をどう受け止めているのか、デメジエーはそれを知りたかった。デメジエーの自伝によれば、メルケルはショックを受けて戻ってきたという。「市民の多くは、スターリンが勝利した第二次世界大戦を、ゴルバチョフが敗戦に変えつつあると考えている」というのが、メルケルのもたらした町の声だった。

不満の声は、もちろん東ドイツにもあった。大衆は統一を歓迎していたが、いわゆるエリートたちは不服だった。それどころか政治家の中には、憤りのあまりゴルバチョフをスターリンと同列に並べる者さえいた。かつてスターリンは、ソ連を頼った多くのドイツの共産主義者たちをヒトラーに引き渡したが、ゴルバチョフも、経済援助と引き換えに自分たちを西に売り渡したと、彼らは感じていた。

署名一つのために200億マルク

一方、西ドイツでは東とは違った懸念が膨らんでいた。コールが約束したソ連軍の撤退の費用が、際限なく拡大しつつあったからだ。撤退は少なくとも4年かかると見られ、ソ連が要求した撤退費用には、その間の兵士の給与から衣食住の手当てなど、すべての経費が含まれた。しかも、ゴルバチョフはまもなく、帰国した兵士の住む場所が確保されなければ撤退はできないと言い始め、ソ連での住宅の建設を要求した。そこにまもなく、職を失った兵隊の職業訓練のコストまでが付け加えられた。

費用をめぐる綱引きは、最後の最後まで続く。9月7日、つまり、2＋4条約の調印予定日のわずか5日前、コールとゴルバチョフは電話会談で収拾を試みたが、物別れに終わる。コールの提示額は110～120億マルク。それに対しゴルバチョフは、150～160億マルクを要求し、しかも、コールが歩み寄らなければ、2＋4条約の調印はできないと脅した。

ソ連が調印しなければ、2＋4条約は水泡に帰す。足元を見られたコールは抵抗できず、調印が2日後に迫った9月10日、120億マルクに無利子の30億マルクをプラスした。ゴルバチョフは、してやったりとそれを呑む。

1990年9月12日、モスクワ。ついに2＋4条約の調印の日がやってきた。ゴルバチョフの署名により、東ドイツを40年余り支配したソ連の覇権はあっけなく崩れた。

この一連の流れを間近で見ていた人たちは、自分が歴史の動く瞬間に立ち会っているという感覚で、胸が高鳴ったことだろう。メルケルもその一人だ。メルケルは同時に、政治家というものは、いかに簡単に巨額のお金を動かせるかということを、まさに皮膚感覚で学んだに違いない。

結局、ドイツがソ連軍の撤退のために支払った金額は、7月にコールがお土産としてモスクワに持参した50億を加えると、総額200億マルクに上った（これは、のちにさらに膨らむ）。言い換えれば、この大金がゴルバチョフの署名一つのために費やされたのである。そして、その200億マルクのうちの78億マルクは、兵隊の住宅の建設費用だった。実際に、その後の数年間、ソ連邦の44地区で、ほとんど村興しともいえる大規模建設プロジェクトが、ドイツ人の税金で展開されたのである。そして、住宅が完成した頃には、その引き金を引いたコールは、不況のどん底に落ちたドイツの舵取りに苦悩し、ゴルバチョフのソ連は、すでにもう無かった。

ソ連軍の撤退が完了したと公式に発表されたのは、1994年夏だった。54万6200の兵士とその家族、12万3629の重火器や兵器、無数とも思えた車輌がドイツを後にし、約3000の荒廃した兵舎が残された。8月31日、それを記念する式典がベルリンで催されたが、ドイツ政府のホームページには、その様子が次のように記されている。

「ソ連軍の立ち退いた兵舎、飛行場、演習場を視察したドイツの当局者の目には、恐ろしいばかりの光景が飛び込んできた。ほとんどすべての土壌が汚染され、多くの場所に弾薬が放置されていた。森林地帯にトン単位で弾薬が『廃棄』されていたところもあった。これら放置物の撤去、環境破壊の修復のために、ドイツは2億ユーロ以上を費やした」

「他に選択肢がない」という言葉

時は流れ、首相となったメルケルの、ここ10年のお金の使い方は前代未聞だ。たとえ、それらが必ずしも税金として徴収されていないにしろ、違った名目で国民が支払っている。私には、メルケルにとって実際のコストなど、たとえそれがどれほど跳ね上がっても、大した問題ではないように感じる。かつて政治の世界に初めて足を踏み込んだ時、若きメルケルが図らずも目撃したのは、西から東への果てしない送金だった。それがどんな効果をもたらしたかが検証されることは稀だった。ドイツ統一に端を発する出費は、今も続いている。そんなものは、メルケルにとって、とっくの昔に当たり前になっていたのではないか。

ただ、メルケルの不思議なところは、たとえ彼女が国民のお金を無駄に使う結果になっても、なぜか、国民の批判が巻き起こらないことだ。メルケルは、「他に選択肢がない」という言葉をよく使うが、国民はそれを信じている。メルケルは、過去に失脚していった政治家がもたらした教訓をしっかりと消化し、さらに抵抗力まで培っている。そして、それが現在の彼女の頑健な血肉となっているように、私には見える。

第5章

考えるメルケル

「権力は必要なものです」

元東ドイツの政治家はほぼ教会関係者

1990年の10月1日と2日、ハンブルクでCDUの全国党大会が開かれた。東西CDUの統合を確定する党大会で、無論、メルケルも参加している。その前日の9月30日には、ドイツ統一を前にした怒濤のような時が流れる中、ハンブルク入りしたコールがメルケルに会っている。もちろん初対面だ。会見は党大会と直接には関係なく、仲介をしたのはメルケルのDA仲間のハンス・ガイスラーだったという。

蛇足ながら、ガイスラーは、3月の東ドイツ最初で最後の自由選挙で、シュヌアのスキャンダルにもかかわらず当選した数少ないDAの議員の一人だ。元は化学の技術者だったが、同時に、やはり教会会議のメンバーであり、東ドイツ全土の6つの教区のまとめ役も務めていた。元東ドイツの政治家たちが、ほぼ例外なく教会関係者だということには、今更ながら驚嘆する。現在も状況はさほど変わらず、今や、教会とは政治的な意図を持った組織だと考える方がわかりやすいのではないかと思うほどだ。なお、ガイスラーは他の多くの東出身の政治家とは異なり、後の統一ドイツでも政治家として成功を収めた。

メルケルはどうしてもコールに会いたかったらしい。彼女は、ガイスラーがコールと面識があることを知っていた。そこで、ガイスラーに頼み込み、彼がその労を執ってくれた。と

コール（右）とメルケル（写真提供：dpa/時事通信フォト）

はいえ、多忙など通り越していたはずのコールに、このタイミングで会えたことが、メルケルの幸運を表している。なお、この時、DAはすでに東のCDUに吸収されていたため、メルケルは東のCDU党員としてコールに会っている。

「コールに見出された」のか

さて、9月30日の夜、コールとメルケルがどんな話をしたかはわからない。しかし、この後2ヶ月ほどで、メルケルは大臣に就任する。だから、よく、メルケルはコールに見出されたと言われるが、それは事実かどうか。ひょっとするとコールは、大臣として働き始めたメルケルの能力に気付き、以後、重用したという方が当たっているかも知れない。

このハンブルクの党大会では、コールがいつも通り党首として再選され、副党首には、東のCDUの党首であったデメジエーが選ばれた。副党首は東から出すということはすでに不文律だった。なお、メルケルもここで短いスピーチをしている。

ちなみに、この時点で、おそらく西のCDUの幹部の多くは、自分たちが吸収した東のCDUの政治家たちの多くがシュタージの洗礼を受けていることを、すでに知っていたと思われる。たとえばデメジエーがシュタージのIMであったという噂は、以前より囁かれていた。しかし、統一に向かう陶酔の中で、障害になりそうなファクターはすべて無視されたのだろう。

こうして、弱小政党DAに入ったはずのメルケルは、一年足らずでドイツ一の勢力を誇るCDUの党員となった。それも名もなき一党員ではなく、当時、天上の人であったコールと差しで話したことのある党員の一人である。

照準はすでに総選挙出馬へ

1990年10月2日から3日にかけての真夜中、ベルリンの帝国議事堂（現・国会議事堂）前の広場は熱狂する人々で沸いていた。3日零時、東西ドイツはついに統一され、広場に6メートル×10メートルという超ビッグサイズの西ドイツ国旗が掲揚された。この国旗は（古くなったら取り替えられてはいるものの）、それ以後30年間、1日も欠かさずこの広場を睥睨《へいげい》している。

すでに触れたが、ドイツ統一は東ドイツの民衆の力で成った。ゴルバチョフが望んだ民主的な社会主義への転換というアイデアはいつしか民衆の手に渡り、「社会主義」というのが抜け落ち、最終的にタガが外れて、真の無血革命として成就した。それは、ソ連の望むところでも、東ドイツのインテリの望むところでも、もちろんなかった。しかし、もう誰もその流れを止めることができなかった。

夜空に華麗な花火が打ち上がる中、コール首相夫妻、フォン・ヴァイツェッカー大統領夫妻、ヴィリー・ブラント元首相、ゲンシャー外相らが、議事堂前広場に設置されたステージの上に立ち、煌々《こうこう》とスポットライトを浴びている写真が世界中を駆け巡った。広場に集まった人々は熱狂し、舞台に向かって「ヘルムート、ヘルムート！」と叫んでいた。コールの名前である。この時のコールの表情ほど、感無量という言葉にふさわしいものはなかった。この夜、ベルリン市内だけでも、数十万の人々が町に繰り出したと言われる。わずか1年前、ハンガリーとオーストリアの国境に、ポツリ、ポツリと穴が開き始めた頃、誰がこのような過激な進展を想像したことだろう。

ただ、皆が手放しで喜んでいたわけではない証拠に、この歴史的な夜、ドイツの教会の鐘は鳴らなかった。プロテスタント教会は、自分たちが統一を望んでいなかったということを隠そうともせず、歓喜の鐘の音を響かせることを頑なに拒否した。国旗が掲揚されたときに響き渡った鐘の音は、ベルリンのシェーネベルク地区の区役所のそれをライブで流したものだったという。１９５０年にアメリカ市民から寄贈された鐘である。

この夜、１６００万人の東ドイツ人の心の中には、どんな感情が渦巻いていたことだろう。自由を得た喜びと、未来に対する期待。一方で、これまでの人生の舞台であった世界が突然消え失せてしまった悲しみと喪失感。そして、これからどうなるのかという不安。メルケルもまた、それら複雑な感情とまったく無縁ではなかったはずだ。

ただ、彼女には、長く感傷に浸っている暇はなかった。統一の祝祭の嵐の中、照準はすでに次の目標にしっかりと合わせられていたのだ。それは何か？　まもなく行われる総選挙への出馬である。統一ドイツの初の総選挙の日程は、12月2日と決まっていた。

出馬がメルケルの希望であったのか、デメジエーの発案であったのかはわからない。いずれにしても、デメジエーはしばらく前から、メルケルのための選挙区の物色をクラウゼに頼んでいた。これまでのメルケルの仕事ぶりをつぶさに見てきた二人は、その能力には微塵《みじん》の疑いも持っていなかった。有能なメルケルが政府で重職につけば、東の勢力の保持に役立つ。自分たちにとってもメルケルの利用価値は大きいと、彼らは考えていたはずだ。東ドイツ出身者の結束は固かった。

ただ、すでに夏頃より、新しく加わる東ドイツの選挙区をめぐって、東ドイツの人間のみならず、西ドイツの人たちまでが加わった争奪戦が起こっていた。西の既存の選挙区で党の公認を得ることは難しいが、東なら政界入りのチャンスがあるかも知れないと、皆が考えた。

CDU公認候補の本命はゼムケ

バルト海沿いのポーランドに程近いところに、「シュトラールズントーリューゲン―グリメン」という、3地区が合同した選挙区があった。現在は選挙区の改正で面積が拡大し、その名称も変わったが、風光明媚な過疎地であることは、今も昔も変わらない。しかも、3地区の一つであるリューゲンは、島（ドイツ最大）である。本土のシュトラールズントと橋で繋がってはいたものの、かなり辺鄙な場所だった。そして、その「シュトラールズントーリューゲン―グリメン」のCDU支部では、そろそろ候補者を決めなければならないのに、3つの地区がそれぞれ別の候補者を持ち出し、収拾がつかない状態となっていた。

そこで、それをボンで聞きつけたクラウス・ヘルマンという人物が名乗りを挙げた。これが8月のことだ。このヘルマンを、肝心の地元では誰も気に入らなかったが、そうかといって、3地区の党員が共同で推せそうな対抗馬も見つからず、結局、候補者がヘルマンしかいないまま、仕方なく、公認候補選出のための選挙を、9月16日に開催することが決まった。

ところが、集会の2日前になって、ようやく適任だと思われる候補者が見つかった。やはり西の人間であるハンス＝ギュンター・ゼムケだ。ゼムケはブレーメン市立銀行のオルデンブルク支店の部長で、CDUの党員として地元の政治活動にも関わっていた。壁が落ちてからは、オルデンブルクとリューゲン島との友好に尽力し、そのためにリューゲンでも名前が知られている。しかも、西の人間としては、珍しく人気もあった。

ゼムケは急な依頼にもかかわらず、立候補を快く引き受け、2日後、約束通りシュトラールズントにやってきた。ところが、その場になって、選挙人の選出に手続き上の不備があったことが判明したため、ゼムケは日を改めてやり直すことを提案した。東の人たちが、民主的な手続きに不慣れだったことがわかるエピソードだ。そこで次回は手続きを簡略化するために、集会に来た党員全員が投票できることとし、新しい日程が9月27日と決められた。つまり、11日後にはゼムケがヘルマンを下し、CDUの公認候補の座を射止めることになると、この時点では皆が信じていた。27日の集会は形式的なものになるはずだった。

「なぜ、メルケル？」

ところが、この11日の間に不思議なことが起こる。

結果から言えば、この「シュトラールズント—リューゲン—グリメン」（現在は「フォーポメルン＝リューゲン—フォーポメルン＝グライフスヴァルト」）は、この1990年以来、8期連続でメルケルが勝ち取っている。

いったい何が起こったのか？

この片田舎の選挙区で、いまだに候補者が決まらないことを聞き知ったクラウゼは、急遽、3地区の一つグリメン地区のヴォルフハート・モルケンティンに電話をし、メルケルを候補者に推してほしいと頼み込んだ。モルケンティンは、長年、ここの傀儡CDUで党員だった人物だ。

「それは誰だ？」とモルケンティンは尋ねただろう。しかし、翌日には早速メルケルと連絡を取り合い、方策を練ったという。ただ、現実問題として、ゼムケの人気は高く、無名のメルケルのチャンスはないと思われた。

そこでクラウゼはさらに、リューゲン島で建設会社を営んでいたウドー・ティムにも連絡をする。ティムは統一前にDAに加わり、メルケルと同じく、そのまま自動的にCDUの党員となった人間だった。東ドイツ時代は、やはりシュタージとのつながりがあった。東ドイツの上層部では、シュタージとつながりのなかった人を見つける方が難しい。

9月26日の夜、つまり、CDUの集会のまさに前夜、メルケルは、リューゲン島のティムの自宅の地下の娯楽室で、何人かの党員たちに囲まれて座っていた。夜の地下室と聞くと、なんとなく秘密結社の集会のようなシーンが頭に浮かぶ。そこに集まった男たちが、「なぜ、メルケル?」と訝しがると、誰かが答えた。「彼女は東の人間だ。俺たちと同じく」。

どうしたら、このメルケルで、ゼムケが絶大な人気を得ているリューゲンを突破できるか、彼らにはすでにアイデアがあった。今度の選挙では、来た党員が全員、投票できるという決まりだ。だったら、皆でいけば良い。つまり、人海戦術である。

党員35人が帰ってしまう

翌日、モルケンティンが調達した2台のバスで、グリメン地区のCDU党員が集会の行われるリューゲン島に向かった。遠足気分のCDU党員が、なんと総勢90人。バスの送迎がなければ、これほど大勢がわざわざグリメン地区からリューゲンまでやってくることなど、絶対になかっただろう。しかし、これらの費用はいったいどこから出たのか? この夜のことでわからないことは多い。

リューゲンではまさに青天の霹靂。貸切バスの到着など、もちろん誰も想像していない。突然、300人以上に膨らんだ党員がようやく席に着いたところ、メルケルが現れた。メルケルは、前夜にティム家の地下室に集まっていた人たち以外とは初対面だ。もちろん、他の二人の候補者、ヘルマンとゼムケとも初顔合わせであった。

集会を仕切ったのは、他ならぬティムだった。彼が壇上で話している間に、昨夜の面々がせっせと会場を回って、皆に何やら耳打ちをしていたという。投票の結果が出たのが11時。ゼムケが１４０票、メルケルが96票、そしてヘルマンが69票。大きな拍手が沸き起こった。ただ、ゼムケはまだ勝ったわけではない。１位の得票数が過半数に満たないため、決選投票が必要だった。

ところが、ここで〝それ〟が起こる。地元リューゲンの党員35人が帰ってしまったのだ。なぜ？　ゼムケが勝ったと勘違いしたのか？　それはありうる。これまでほとんど選挙など経験したことのない人たちばかりなのだ。あるいは、誰かがフェイク情報を流した？　それとも、何かそれ以外の理由？　時間が遅かったので、本当に帰りたかった人もいたかも知れない。しかし、バスで来ていたグリメンの人たちは、バスが動かない限り帰れなかった。

いずれにしても、35人のゼムケ票が減ったことで、ＣＤＵの公認候補の座はメルケルのものとなった。勝利が決まったのが0時10分。すでに日付は9月28日になっていた。

メルケルがハンブルクでコールに会ったのが、この2日後の30日だ。すでに記したように、二人が何を話し合ったかは、漏れ伝わってこない。この直後に東西のＣＤＵは統合し、

10月3日、東西ドイツの統一がなされた。コールは統一後の内閣組み替えで、デメジエーを含む5人の東ドイツ議員を大臣にした。それは言わば、東ドイツ国民の心の中に不公平感を抱かせないためのポストだった。

その翌11月、選挙戦の最中、コールはボンの首相官邸にメルケルを呼び、再度、話し合いを持っている。来たる12月の選挙後の組閣でも、東に対する配慮はもちろん必要だ。コールは、大して重要でない大臣ポストに、東ドイツ出身者の女性を入れようと考えていた。それもなるべく若い方が良いだろうと。

メルケルを大臣候補としてコールに推薦したのは、デメジエーだったという。コールには、メルケルの邪気のなさそうな風貌も、牧師の家庭の出身というのも、国民の信用を得るには好都合に思えた。そんなわけで、メルケルがボンに出向いたとき、すでにコールの頭の中には、次期政権の大臣にメルケルを起用する構想が固まっていた。コールはメルケルに、「女性とはうまくやれるか?」と聞いたという。その途端、メルケルの目の前に「女性・青少年問題大臣」がぶら下がった。まずは、何が何でも選挙で勝たねばならなかった。

12月2日、メルケルは、依然として左翼色の強い選挙区にもかかわらず、48・6%という高得票で当選し、コールを喜ばせた。こうして12月20日、メルケルは、ついにドイツ連邦議会の議員となった。

「チェルニーはトップ・エージェント」

１９９１年１月18日、コールの第４期政権が成立した。メルケルは、予想通り女性・青少年問題大臣に、メルケルの強力な後援者クラウゼは交通大臣に就任した。しかし、肝心のデメジエーは総選挙の直後、『シュピーゲル』誌がすっぱ抜いたシュタージ疑惑のため窮地に陥り、12月19日、不透明な状況のまま、一旦、大臣職から退いていた。

２月になってようやく、新しく設置されたガウク局（シュタージの調査に特化）による調査結果が上がってきた。そこには、チェルニーという暗号名で活動していたＩＭがデメジエーと同一人物であるという証拠が、疑う余地のないほど明確に示されていた。

ただ、この調査結果はショイブレ内相などの意向で極秘にされ、「確証はなかった」と揉み消される予定だった。それを受けてデメジエー自身、この件は終わったと宣言。コールも再びデメジエーを政権に復帰させるつもりだった。

ところが、その矢先、正義に駆られたガウク局の局員２人が、あるテレビ番組の中で真実を暴露した。「チェルニーは小者のスパイなどではなく、ドイツの教会会議への影響を及ぼすことを目的としたトップ・エージェントである」「デメジエーのシュタージでの活動に疑問を呈する今回の措置は、我々には理解できない」。２人は即時解雇された。

ただ、これにより、ガウク局の調査結果は広く知られるところとなった。ショイブレは、なおも執拗にデメジエーを庇ったが、次第にCDUの議員の間でもそれに対する嫌悪感が広がり始めた。まさにその最中、何を思ったかデメジエーは藪から棒に、西のCDU党本部が東のCDUの資産2600万マルクを横領したと発表。混乱はさらに広がり、デメジエーを庇う者はいなくなった。

デメジエーは1991年の9月、すべての公職を離れ、翌10月には議員も辞職した。その後の彼は、再び弁護士業に戻り、いくつかの名誉職を兼ねながら今もベルリンで暮らす。一方、交通大臣に就任したクラウゼは、91年から92年にかけて次から次へと収賄事件を起こし、93年、やはりすべての公職を辞任した。

では、あの夜、メルケルが公認候補となることを助けたモルケンティンは？　彼は1990年から2008年まで、グリメンや北フォーポメルンの郡長を18年間も務め、今もメルケルの政治的助言者であると自負している。一方のティムも、91年から2度にわたってメクレンブルク＝フォーポメルン州の議員として当選、11年に亡くなるまでメルケルとの親交は続いたという。

メルケルの幸運

さて、では、大臣になったメルケルは何をしていたか？　女性・青少年問題大臣というのは、あまり重要でないポストで、予算も、行使できる権力も小さかった。しかも、メルケルのことを、東独出身で女だという理由で、陰湿に苛《いじ》める政治家が少なくなかった。当時のＣＤＵは男の牙城で、それどころか、アンデン・パクトと呼ばれる秘密結社のような組織まであり、男たちは身内で権力を独占していたのである。

メルケルを「コールの小間使い」と呼んで蔑んでいた彼らは、彼女を派閥から遠ざけようと巧みに細工をした。それをどうにか打破しようと、１９９１年の11月、メルケルはブランデンブルク州の党代表の座を狙ったが、落選している。ところが、翌月のＣＤＵの全国党大会で、突然、チャンスが巡ってくる。デメジエーが政界から身を引いたことにより、ＣＤＵ副党首という大きなポストがメルケルに回ってきたのだ。このポストは東ドイツ出身者の特等席であり、東ドイツ出身でコールのお気に入りといえば、メルケルしかいなかった。コールが取り立ててくれることは、メルケルにとって、メリットでもあり、デメリットでもあった。このジレンマは、メルケルがコールを失脚させるまで続くことになる。

さらに、メルケルの幸運はそれだけではなかった。クラウゼが収賄事件で失脚すると、今度は彼のポストまでが彼女の手に落ちた。メクレンブルク＝フォアポメルン州のＣＤＵ代表という、これまた大きなポストだ。こうして、かつて彼女を懸命に引き立ててくれたデメジエーとクラウゼは消え、そのたわわな遺産がメルケルの手に落ちた。メルケルと関わる男は、全員、墜落するという噂が定着するのは、しかし、もっと後の話である。

いずれにしても、彼女は女性・青少年問題大臣の任期中、大した功績も上げなかったが、目立った失敗もしなかった。しかし、考えようによればこの4年間は、政治の経験もなく、西ドイツの政界の事情に不慣れなメルケルにとって、ウォーミングアップという意味で、最適の時間だったとも言える。彼女はここでじっと権力闘争を観察し、真綿が水を吸い込むように多くを学んだ。合意形成の方法を体得し、権謀術数も学んだ。とくに、政治家は予算が取れなければ何の権力もないということを、一番、肝に銘じたのではないか。

2004年に出版されたメルケルのインタビュー集『Mein Weg』（我が道）の中に、次のような条《くだり》がある。「あなたは今、創造の魅力に言及されましたが、それは、権力の魅力を言い換えたものですか？」という質問を受けたメルケルがこう答えているのだ。「権力自体は悪いものではありません。それは必要なものです。（略）私が何か実行したければ、道具が要る。それは過半数の賛成であったり、あるグループの信頼であったりします。私は、権力など本来、全然欲しくなかったなどという振りをすることは、拒否します。（略）良いアイデアも、それを実行に移せなかったら何の役に立ちますか？　でも、本当に傲慢にはなれない。なぜなら、それが民主主義の素晴らしいところ、権力は時間を区切って与えられ、その行使は規則で縛られているからです」。

１９９４年、再び総選挙が巡ってきた。「シュトラールズントーリューゲンーグリメン」のどの地区でも、もう、メルケルを知らない者はいなかった。彼女は、彼らの代表であるばかりか、同州のＣＤＵ代表で、ＣＤＵの副党首で、連邦大臣だった。もう、誰もバスを駆り出す必要はなかった。彼女は48・65％の票を得て、皆が当選を祝ってくれた。

第6章

戦うメルケル

裏切りと勲章

目の上のタンコブを駆逐

1994年10月に行われた総選挙で、CDUが辛くも第1党を保てたのは、ひとえにSPD党内の内紛のおかげと言えた。どうにか逃げ切ったコールは、翌11月には再びFDP（自由民主党）との連立で第5次政権（第1次政権は変則的で1年足らずだった）を立て、その新内閣でメルケルは環境・自然保護・原子力安全相に就任した。

この人事には明らかに意図があった。前任者であるクラウス・テプファー環境相の駆逐だ。1987年に就任したテプファーは、環境保護の旗振り役として名を馳せ、国民の人気も上々だったが、その断固とした環境政策が産業界の不興を買い、次第にCDU党内で目の上のタンコブとなっていた。そこで、第5次政権ではテプファーは建設相に横滑りという形で無力化され、メルケルにその後任が回ってきた。そこでメルケルはまず、テプファーを長年にわたって支えてきた事務次官を更迭《こうてつ》し、自らの足場固めに取り掛かった。

この頃、ドイツ経済はどん底だった。東ドイツ経済の崩壊後4年が過ぎても、新しい統一ドイツの堅固な産業構造を築くという計画は、まるでうまくいっていなかった。東から西への人口流出は続き、東の失業率の増加は止まるところを知らなかった。ただ、ドイツの強みは、負担の大きさが、一時的にドイツの国力を弱めたとはいえ、ザルのような東ドイツに注ぐ資金が尽きなかったことだ。当時、やはり厳しい状況にあったチェコやハンガリーなど東欧の諸国には、ふんだんな資金を湯水のように提供してくれる同胞などおらず、独自の力で民主化、自由化を進めていかなければならなかった。それを思えば、東ドイツの人たちが意識していたかどうかは別にしても、彼らはやはり恵まれていたと言えるだろう。

ドイツで、天文学的なお金が西から東に流れ続けた効果は、十数年も経ったあとで、明確に現れてくる。不況から立ち直り、十分強大になったドイツは、次第に東ヨーロッパでのヘゲモニーを獲得し、さらにその影響力をEU全体にも伸ばしていく。当時のドイツの施政者が、そんな将来を見通していたのかどうかはわからないが、今から思えば見事な手腕であった。

立ち位置が180度回転

さて、環境相となったメルケルを待ち受けていたのは、使用済み核燃料の保管問題だった。これが重要な懸案であることは、2021年の現在も寸分も変わりがない。ただ、あえて言うなら、メルケルの立ち位置がこの頃と今とでは、180度回転したことだろう。

この年、南ドイツのバーデン＝ヴュルテンベルク州のフィリップスブルク原発の使用済み核燃料棒9本が、北ドイツはニーダーザクセン州のゴーレーベンの中間貯蔵施設へ、初めて搬送されようとしていた。ゴーレーベンというのはかつて塩鉱のあったところで、非常に地層が安定しており、すでに坑道もあり、核廃棄物の貯蔵には最適だと言われる。しかし、仮の貯蔵場所とはいえ、本当にここに核廃棄物が運び込まれるとなった途端、以前からあった抵抗運動がさらに激化し、輸送計画は完全に暗礁に乗り上げてしまった。奇しくも当時のニーダーザクセンの州首相は、のちの首相となるゲアハルト・シュレーダーだ。

シュレーダーはグリーンピースなどの反原発活動家とともに、強固な反メルケルの陣を張り、輸送を阻止した。政権を揺るがすにはもってこいのチャンスだ。それだけでなく、彼はもともと、ドイツの原子力発電事業に対しては、基本的に否定的な立場をとっていた。

一方のメルケルは、「ゴーレーベンは原子力エネルギーの将来にとって中心的な役割を果たす」という意見で、ドイツの原子力エネルギーは「環境基準にも、高度な技術的な規格にも適合している」として、原発推進の態度を固持した。10年後に首相の座を巡って火花を散らすことになるメルケルとシュレーダーの確執は、まさにここで始まったわけだ。ただ、当時のシュレーダーはメルケルを完全にバカにしており、いずれ自分がこの女性のせいで政界を離れる運命だとは、まだ、つゆほども思っていなかった。

国民の原発嫌いを悟る

11月には、この問題に地元の行政裁判所が介入し、輸送の認可にストップをかける騒動となり、メルケルはそれを「理解できない」、「まるで世界が滅亡するような言い方だ」と激しく非難した。結局、翌年2月になって、ようやく政府の主張が認められ、輸送の日程は１９９５年4月と決まった。

しかし、だからと言って抵抗運動が収まったわけではない。それどころか、期日が近づくにつれ、ますますエスカレートした。デモや座り込みのみならず、輸送の経路だと思われる線路が切り取られたり、電線が破壊されたり、さらには放火など、法の枠を超える活動が跡を断たなかった。しかも、メルケルにとっての悩みは、それらの違法行為が野党に利用されているばかりか、少なからぬ国民の支持を得ていることだった。ドイツ国民の多くが根っからの原発嫌いであることを、メルケルはこの時期に嫌というほどはっきりと悟ったはずだ。

輸送の前日、７００キロメートルの移動区間には1万人もの警官が動員され、戦後最大の警戒態勢となった。最後の行程である18キロメートルはトラックに積み替えての輸送になるが、近隣の農民までがトラクターやら羊の群れを連ねて抗議行動に参加し、道を塞いだ。また、わざわざ重いリュックサックを背負って座り込んでいるデモ隊を、警官が３人がかりで一人ひとり除去していくなど、まさに過酷な戦いが続いた。いつもは平和なゴーレーベンの町は非常事態となり、学校は休校。最後には、警察はゴム弾や放水まで使用する有様だった。当然、輸送の経費は膨れ上がり、輸送1キロメートル当たり10万マルク（5万ユーロ）がかかったという報道が、原発嫌いの国民をさらに怒らせた。

ただ、使用済み核燃料の貯蔵や、再処理のためにフランスに出していた核廃棄物の引き取りは、原発を動かす限り、反対派の抵抗がどんなに大きくても中止するわけにはいかず、ゴーレーベンではこれ以後、何度も、同じような不穏な事態に見舞われた。

本心はどこにあるのか

メルケルの原発擁護は彼女が環境相を離れた後も揺るいでいない。一方、シュレーダーの反原発も変わることがなかった。だから、シュレーダーは1998年にCDUから政権を奪うと、さっそく脱原発へと舵を切る。現在のドイツの脱原発政策はメルケルが決めたと思っている人が多いが、基礎を作ったのはシュレーダーだ。

2008年5月、オスナブリュックで開かれた97回目のドイツカトリック教会デーの座談会で、すでに首相となっていたメルケルは、「一番安全な原発を持った国が、原子力の平和的利用を停止することは馬鹿げており」、「ドイツが原発と石炭火力発電所を停止して『良心』を示し、同時に同じ電源で作られた電気を隣国から輸入するなら、物笑いの種になるだろう」（『フランクフルター・アルゲマイネ』紙）と語り、拍手喝采を浴びている。

ところが、である。そのメルケルが2011年3月、福島原発の事故の後、突然、22年までにドイツはすべての原発を停止すると決めた。それはあまりにも唐突で、意表を突いたものだった。これにより、原発の停止はシュレーダーの定めた時期よりも早くなっただけでなく、停止の時期決定にわざと添えられていた柔軟さまでがきれいに取り除かれた。

なぜか？　彼女が挙げた「福島がすべてを変えた」という理由が真実だとは、とても思えない。長年、原子力の未来を公言してきたメルケルと、唐突に原発を血祭りに上げたメルケル。いったい彼女の本心がどこにあるのかということは、当時、誰にも測り兼ねた。

京都議定書の仕掛け

環境大臣時代のメルケルのもう一つの大きな業績は、京都議定書の策定とされる。現在、世界のほとんどの国が参加している気候会議COP（正式名は気候変動枠組条約締約国会議）は、1995年の3月、ベルリンで産声を上げた。つまり、ホスト国はドイツであり、その第1回目の会議が環境大臣メルケルの国際舞台でのデビューだ。以後、気候会議は、参加国の持ち回りで、毎年、世界のどこかで開かれている。

ただ、第1回目の気候会議の日程は前々から決まっていたわけで、その準備はテプファー環境相の下、数年をかけて行われていただろう。そして、会議の主役となるのは、当然、彼であったはずだ。それが土壇場になってメルケルに変わったということが興味深い。若くて有望な彼女にコールが用意した晴れ舞台だったのか。

この時、メルケルは130ヶ国から集まった1000人のゲストの前で、「われわれは皆、同じ船に乗っています」、「産業国がまず、地球の気候を守るための責任を証明しなければなりません。われわれが確かな行動でそれを証明して初めて、他の国に温暖化対策への参加を促すことができるのです」と語っている。そして、その後、2年の歳月をかけて、各参加国の意向を擂り合わせ、温室効果ガスの排出量の、2008年から12年までの削減目標を定めた詳細なコンセプトを策定した。それが、2年後に京都で開かれたCOP3会議で、京都議定書として採択されることになる。こうして、CO_2削減について、世界規模での第一歩が踏み出された。ドイツが世界の環境対策において陣頭に立ったことを、コールは小躍りして喜んだ。

もっとも、京都議定書にはちょっとした仕掛けがある。削減の基準となる年が、わざわざ遡って1990年に定めてあることだ。そしてドイツは、90年比で24％減という大胆な削減目標を立てた。

ただ、1990年というのはいうまでもなくドイツ統一の年で、東ドイツでは、老朽化していた工場、暖房装置、車など、すべてが否応なく西のスタンダードに切り替えられ始めた時期だ。その過程で莫大な公金が注ぎ込まれ、環境が急激に改善されたことは言うまでもない。つまり、90年を基準年にしている限り、ドイツでは、産業界が大した努力をしなくても、かなりのＣＯ$_2$の削減が見込めた。統一後の景気の落ち込みから抜け出せていないドイツ企業にとって、まことに有り難い設定であっただろう。メルケルの手腕は見事だった。

さて、後日談。テプファーは、第5次コール政権が終わるのを待たず、1998年1月、国連の環境計画の事務局長としてケニアのナイロビに移り、8年間、思う存分、世界の環境問題に取り組んだ。ただ、それからずっと後、ドイツが急に決めた脱原発の是非について検討するために「倫理委員会」を招集した時、メルケルはわざわざテプファーを倫理委員会の委員長として招聘した。もちろん、テプファーが脱原発に反対するわけはない。つまり、メルケルは彼に名誉職を与え、自分の決定にお墨付きを出させた。こういう複雑怪奇な離れ技を、私はうまく理解できないが……。

福島原発の事故はチャンスだった

環境政策におけるメルケルの信条はどこにあるのかと考えると、政治家としての縛りを外せば、彼女は完全な自然主義派なのではないかというのが、私の持論だ。彼女の育ったところが、美しい自然に溢れた土地だったことはもとより、そもそも社会主義のイデオロギーは自然を賛美し、環境保護を重視している。それにもかかわらず、東ドイツの環境が破壊されていたのは、もちろん、社会主義国における数ある矛盾の一つだが、彼らの理想が自然重視であることは揺るがない。かつてのメルケルの党DAも、「高度な環境保護の要請に応じられる市場主義経済」を党の綱領に明示していた。環境を壊すのは資本主義なのである。つまり、統一後のメルケルは、ようやく真の環境保護を実践できることに、少なからぬ喜びを感じていたのではないかと思う。ただ、穿《うが》った考え方を付け加えるなら、長期的には、エネルギーの国営化などといった社会主義化も想定されていたかもしれない。

しかし、いずれにせよ、環境保護のアイデアは、大企業を票田にしているCDUという党の方針と、必ずしも一致するものでなかったことは、前任者テプファーの例でも明らかだ。つまり、メルケルが無闇に産業界の利益を侵し、テプファーの二の舞になろうはずはなかった。ただし、彼女の権力がCDUの方針を変えられるところまで強大になれば、それは別の話である。

原発擁護から反原発への転換は、おそらくそれだった。つまり、これはメルケルにとって、決して唐突なものではなかった。2011年というのは、彼女の権力がしだいに固まり始めた時期でもあった。彼女は、国民の間にある原発への強い不信感、あるいは嫌悪感もよく知っていた。CDUがいつまでも原発に拘っていると、いつか自分はそれに足を掬《すく》われると予感していたのではないか。特に、その前年に彼女が行った原発の稼働年数の延長は、国民の激しい反発を巻き起こしており、メルケルは、このままでは次の選挙に勝てないのではないかと、危惧していたはずだ。つまり、反原発への転換は、自らの政治生命の救済のためにも是非とも必要だった。ただ、問題は、その転換を、いつ、どのように行うかだ……。

その時、福島原発の事故が降って湧いた。つまり、これこそがメルケルにとって、その高い壁を越えるための一回きりのチャンスだったのだと私は見ている。

反原発は迷走ではない

そう考えれば、現在の反原発、反自動車、そして、次第に明らかになりつつある緑の党との不思議な同調、また、今でも「気候首相」と言われて胸を張る経緯にも納得がいく。ドイツの主要メディアには緑の党のシンパが多いので、メルケルが「緑化」する限り、彼らがしっかりと支えてくれることはわかっている。その好意的な報道に促されて、国民もメルケル支持に回る。

ときに、メルケルが大きく身を翻せば、当然、国民は驚き、野党は動揺するが、結局、何も起こらない。それは、彼女がEUの協定を無視した時でさえ同様で、皆、納得がいかないまま黙ってしまった。この根強いメルケルの人気を裏から支えているのが、メディアの力だったのだろう。だからこそ、ここ数年、SPDの党首がめまぐるしく入れ替わり、あるいは、CDUの支持率がどんどん下がっていっても、メルケルの人気だけが落ちなかった。コールが在任中、常にメディアと死闘を演じていたのとは、いかにも対照的である。

これらに一番振り回されることになるのが、自動車産業や電力会社など、ドイツの基幹産業ともいえる業界だ。それについては後述するが、少なくとも反原発は、おそらくメルケルにとっては迷走ではない。彼女はこうして一歩一歩、目標に近づいていくのだ。

悲劇の政治家ショイブレ

1998年9月、コールは総選挙で惨敗した。勝利者はSPDのシュレーダーで、彼は緑の党と組んで、連立政権を立てた。地元では高得票で再選されたメルケルも、初めて野に下った。コールは敗北の責任を取って党首を退き、名誉党首に収まった。そして、党首はショイブレが継いだ。

ショイブレは自分が党首になる前に、メルケルを党の幹事長に推薦し、メルケルはそれを受けた。ショイブレの狙いが何であったかはわからない。メルケルは、実は、院内副総務になると思われていたが、それを阻止したかったのかもしれない。ちなみに、院内総務はショイブレ自身。そして、副総務のポストには、フリードリヒ・メルツが就任した。メルケルの生涯の敵となる人物だ。

ショイブレは悲劇の政治家というにふさわしい。1942年生まれの、法学と経済学を学んだエリートで、CDUとの関わりは、19歳での青年部入党にまで遡る。30歳で国会議員となり、81年には議会の重職である院内総務に抜擢されている。90年、統一直前に東西ドイツの間で結ばれた「統一条約」において、西ドイツ代表として調印したのが、当時内務相だったショイブレだ。青春時代をCDUに捧げてきた前途有望の政治家であった。

ところが、その活躍から1ヶ月も経たずして、統一後初の総選挙の選挙運動中に、精神異常者の銃弾を脊髄に受け、生死の境をさまようことになる。その結果、一命は取り留めたものの、下半身不随となった。まだ50歳にもなっていなかった。スポーツマンで、党のスポーツ委員会の長を務めたこともあるぐらいだから、さぞ無念だったろう。しかし、家族が引退を勧めたのを振り切って、6週間後には政界に復帰。以後、車椅子に乗って活躍している。車椅子は絶対に人には押させない主義らしく、常に自分の腕で操っている姿が印象的だ。

そのショイブレを、コールは1997年、正式に後継者に指名した。しかし翌年、実際に選挙となると、首相の地位をショイブレに譲るのは2002年以降だと言い出し、自らが首相候補として第6次政権を狙った。ショイブレの苛立ちは想像に難くなく、つまり、98年の選挙前、ショイブレとコールの関係はかなり険悪になっていたと思われる。ちなみに、CD

Uが勝っていたなら、コールの政権は20年に及んだ計算になる。

しかし、実際には、CDUは敗北し、コールが党首を退いたことは、すでに書いた。そして、ショイブレがその跡を継いだが、肝心のCDUは勢いをなくしていた。当然のことながら、ショイブレの執念は、4年後の総選挙に向かって燃えた。CDUが再び政権を取れば、念願のドイツ首相の地位が手に入るのだ。

CDUの「不正献金問題」

ところが、野に下って1年も経たないうちに、CDUを「不正献金問題」が襲う。これにより、コールは地位も名誉もすべて失うが、コールの右腕だったショイブレも、最終的にこの事件で首相の夢を失う。

これは、ドイツで戦後最大の汚職・脱税事件と言われた事件で、大勢のCDUの大物を巻き込んだだけでなく、多くの国民が持っていただろう政治家に対するささやかな信用までを完全に打ち砕いた。しかも、最終的に解決しないで幕引きとなったため、疑獄としての後味の悪さも残した。

ことの始まりは、長年、CDUの金庫番であった元議員ヴァルター・ライスラー・キープの脱税容疑だった。当時、カナダに高飛びしていた武器商から、1991年にスイスで10

0万マルク（約5200万円）を受け取ったという一見些細な容疑だったが、以後の捜査により、CDUが20年以上前からスイスなどに秘密口座を持っていたことが明らかになった。そして、その疑惑の輪がコール元首相に到達するまで、それほどの時間はかからなかった。

12月16日、コールが公営第2テレビのインタビューで、首相時代に200万マルク（約1億円）の献金を不正に受け取ったという、爆弾的な告白をする。ただ、献金者の名前については、「献金者との約束」を盾に頑として口を割らなかったことで、法を踏みにじる行為として非難轟々《ごうごう》となった。

こうなるとショイブレも無傷ではいられなかった。というのも、まだスキャンダルがここまで深刻になっていなかった頃、彼が国会で行った答弁が虚偽だと判明したからだ。疑惑の徹底解明を唱えながら、嘘までついて献金を隠していたことは、当然、致命傷となった。

コールへの反乱を呼びかける決起状

CDUの混乱はピークに達した。どうすればいいのか？　16年も政権を担ってきたコール、東西統一の立役者であるコールを悪者にしては、CDUの自爆である。しかし、コールを守ったからと言って、傷が癒えるとも思えない。その上、何よりの問題は、幹部の誰もが、多かれ少なかれ同じ穴の狢《むじな》であったことだ。

この時、メルケルが賭けに出た。コールの告白の6日後、世間がクリスマス前でわさわさしていたとき、一流紙『フランクフルター・アルゲマイネ』に爆弾投稿をするのだ。その中で、メルケルはCDU党員に対し、コールとの訣別を呼びかけた。

「党は歩むことを覚えなければならない。未来は、古い軍馬、コールが自らを好んでそう呼んだものだが、古い軍馬なしで、政敵との戦いに臨む勇気を持たなければならない。党は、思春期の子供が家から巣立つように、自分の道を歩まなければならない」。

まさに、コールの断罪を促す決起状だった。

前述のメルケルのインタビュー集『Mein Weg』にこのときの様子が詳しい。興味深いので、そのまま訳出する。インタビュアーは、ジャーナリストのフーゴ・ミュラー=フォグ。

メル「私はいわゆる監獄のような状態から抜け出したかった。自分が、党首が、そして党が自由に動けるようにしたかった。あの寄稿には二つの意味があった。一つは不正献金問題、そして、もう一つはヘルムート・コールの未来の役割だ。私にとっては、彼の業績を妥当に評価することは、現在の政治家コールの役割を後退させることとなのだ。(略) あの寄稿は非常ブレーキだった。(略)」
ミュ「あの寄稿をショイブレが知らなかったとしたら、少なくともあなたは党首に対する信用を破ったことになる」

メル「彼は知らなかった。あなたがいう『信用破り』というのは、私にとってのかなりなリスクだということだ。しかし、私はあれを、党首を助けるために書いた。そうでなくては、我々はさらに墜落していっただろうから」

ミュ「もし、（あの後）ショイブレが『あなたはもう必要ではない』と言ったら、びっくりしたか？」

メル「それも考えた。しかし、どう考えても、そうなるきっかけはなかった」

ミュ「ちょっと待ってください。党幹事長がコールへの訣別を世間に公表し、それを党首が知らない……」

メル「彼は知らなかった。じゃあ、どうすればよかった？　私は彼に尋ねることもできたが、そうしたら、必ずノーと言っただろう。彼を納得させることなどできなかったに違いない。しかし私は、なんとかこのまま献金問題をすり抜けられると信じることなどできないと知っていた。我々は同じ情報を共有できない状況にいたのだから、これは確実に沈没を意味した。だから、『フランクフルター・アルゲマイネ』のリスクを私はとった」

ミュ「これはあなたにとって、これまでで最大の政治的リスクだった？」

メル「おそらく、そうだ」

実際問題として、この賭けはメルケルの圧勝となった。つまり、コールという猫の首に、どの大物ネズミも鈴を付けられなかったところ、小ネズミのメルケルが勇敢にも単独でそれを付けたのだ。ただ、最初は、誰もメルケルの単独行動だとは信じなかった。特にコールは、メルケルの背後には、自分を恨んでいるショイブレがいるだろうと疑っていたという。ショイブレにしてみれば、濡れ衣であった。

勝ち取った華やかな勲章

この後、党は直ちに再生に向かって動き始める。2000年1月、コールは名誉党首を降り、翌2月に、ショイブレが院内総務も党首も辞任した。4月にエッセンで開かれた党大会では、院内総務には、それまで副総務であったメルツが就任。では党首は？　もちろん、メルケルしかいなかった。

東ドイツからの新参者メルケルが、献金問題でシロなのは確実だった。それどころか、彼女は党幹部から村八分にされていたくらいだから、体制を立て直す間、この東の女性を党首に据えるのが一番賢明な方法だろうと、誰もが思った。その間に、大物達は今後の作戦を練

2000年、CDU党大会でのフリードリヒ・メルツ（右）とメルケル（写真提供：AFP＝時事）

る。こうして、CDU党首という重職がメルケルの手に落ちた。ただ、メルケルにとって、これは決して棚からボタもちではなかった。熟考し、戦い、ついに勝ち取った華やかな勲章に違いなかった。

党首メルケルと、院内総務メルツの二人が手を繋いで、にこやかに党員たちの声援を受けている党大会の写真が残っている。ただし、この若々しいコンビが長く続くことはなかった。メルツは、まもなくメルケルのこっぴどい裏切りを受け、政界を去っていく。彼が復活を試みるのは20年後。しかも、20年間、胸に宿し続けたメルケルへの復讐の意思を、彼は隠そうともしなかった。

第7章

豹変するメルケル

EUの大地に咲く大輪のダリア

最重要テーマは構造改革

16年のブランクの末、緑の党との連立でようやく政権を奪還したSPDだったが、新首相のシュレーダーは、実は茨の道を歩んでいた。統一以来の不景気が一向に解消されなかったばかりか、政権の座についた途端にコソボ紛争が勃発し、翌年、NATOの一員として、戦後初めてドイツ軍を海外派兵することになる。これまで平和を唱えていたSPDと緑の党の初仕事が「空爆」となったことは、国民の間ではもちろん、党内でも激しい議論を呼んだ。

さらに2001年になると、アメリカの同時多発テロが起こり、今度は、アフガニスタンの戦争にも参加せざるを得なくなった。ちなみに、その後、アフガニスタンは泥沼となり、ドイツ軍は60人近くの戦死者を出し、現在もまだ完全に引き揚げることができない。

一方、この時のSPD政権の行った政策の金字塔とされるのが、同年12月に決まった長期的視野のエネルギー転換だ。これは、現在稼働中の原発は一定の発電量に達したら徐々に止め、新しい原発は建てず、その間に再エネを増やし、省エネを進め、また、化石燃料を石炭からガスに移行させていくといった、ドイツが緩やかに脱原発を図るための道標で、いわば無理の少ないエネルギー転換計画と言えた。

その他、SPDは、同性カップルの社会的権利をパートナーシップと定義して確立するとか、高度技術を持った移民を積極的に入れるなどといった、ドイツを多文化共生、あるいはマイノリティーの保護に導く政策も積極的に実行した。ただ、当時はまだこういった風潮に懐疑的な人々も多く、その度に国民の間で活発な議論が巻き起こった。

しかし、最重要テーマは、いうまでもなく構造改革だった。ドイツでは、１９７０年代のＳＰＤ政権下で社会保障が肥大し、歯止めが効かなくなっていた。働かなくても生活保護で楽に食べられれば、労働モラルは低下する。前コール政権では、通信、交通、エネルギー市場の自由化が実施された。しかし、真に改革すべきは労働市場と社会保障制度であり、それを修正しなければどうにもならないということは、すでに誰もがわかっていた。ただ一方で、これほど確実に票を失う政策分野はなく、そこに手を付けることは政治家にとって危険な賭けだった。

そこでシュレーダーはまず、「イノベーションと平等」というモットーで税制改革に着手する。これには、法人税の引き下げ、高額所得者の税率の引き下げなどが含まれたため、労働者の反発が大きかった。そこでシュレーダーはその見返りとして、基礎控除額の引き上げを検討したが、その頃すでに、現実主義者シュレーダーと、ＳＰＤ内の左派として名を馳せるオスカー・ラフォンテーヌ財相の関係が、修復不可能なほど悪化していた。当然、内閣の足並みまでが乱れた。

結局、ラフォンテーヌは、ＳＰＤは労働者の党であるという信念を曲げないまま、シュレーダーとの闘争に敗れて離党。党内、党外が嵐のように揺れる中、シュレーダーが国民の非難を浴びつつも、税制改革を断行した。さらにシュレーダーは、高齢化と少子化に見合うよう年金制度の改革にも踏み切り、ここでも国民の不満が高まった。

首相候補を狙い始めたメルツ

一方、ＣＤＵも、メルケル党首の下、心機一転でスタートを切ったものの、その前途は険しかった。ライバルのＳＰＤが苦闘していたからと言って、その恩恵をＣＤＵが受けたわけではなく、地方選挙では負け戦が続いた。不正献金事件の後遺症は大きかった。

するとまもなく、絶えず陰謀の渦巻く政界の常として、ＣＤＵの内部では、党の不調を党首メルケルのせいにしようとする動きが活発になった。特に、２００２年の次期総選挙が近づいてくると、ＣＤＵ／ＣＳＵの院内総務であるメルツが、党首の座を狙い始めた。これは、首相の座を狙っているということだ。メルケルがその不穏な動きを看過するはずはなかった。メルツとメルケルの間で激しい火花が散るようになった。

ただ、メルケルにとって不幸なことに、この頃、実際、メルケルを未来の首相にしたいと思っている党の幹部はあまりいなかった。メルケルを党首に据えたのは一時の危機を凌ぐためであり、この女性が、将来、ＣＤＵの顔になるなど誰にとっても想定外だった。コールというゴッドファーザーがいなくなったのだから、もう、彼女には後ろ盾もない。引き摺り下ろすなら今がチャンスだと、多くの党員が思っていたに違いない。

一方、同会派のＣＳＵでは、自分たちの党首エドムント・シュトイバーを首相候補に立てるという案が浮上していた。ＣＳＵはバイエルン州にだけある保守党で、その代わりＣＤＵはバイエルン州には支部を持たず、両党は常にＣＤＵ／ＣＳＵという保守会派として協働している。

もちろんシュトイバーらは、メルケルの党内での地位が万全でないことを知っていた。今、会派内で首相候補選びの投票を行えば、ＣＤＵの少なからぬ票がシュトイバーに流れるだろう。それはまさしくＣＤＵ内でのメルケルの失脚を意味した。そうなれば、当然、党首の地位も守れない。メルケルは窮地に陥った。

まさにこの挟み撃ちの状態にありながら、しかし、メルケルは「敵は本能寺にあり」と見た。自分の失脚を真に狙っているのはシュトイバーではなく、メルツだ。院内総務としてのメルツの権力はすでに大きかった。どうにかして、メルツからそれを奪わなければならない。しかし、いったいどうやって？

ヴォルフラーツハウスの朝食

メルケルの行動は素早かった。彼女は、自分を引き摺《ず》り下ろそうとしているCDU幹部たちとの正面衝突を避けた。そして、CDU／CSU会派が首相候補を決定する直前の2002年1月、CSUのシュトイバー党首の自宅へ駆けつけ、二人きりの話し合いを持つ。午前中だったので、シュトイバーの住んでいた町の名前をとって、のちに「ヴォルフラーツハウスの朝食」と呼ばれるようになる会談だ。

ここでメルケルは、究極の取引を提案した。「私があなたに首相候補を譲る代わりに、総選挙後は、私が院内総務になれるよう、CSUの票まとめをしてほしい」

こうしてメルケルはシュトイバーの言質を取ることに成功し、かくしてディールは成立した。まさにメルケルの権謀術数の醍醐味である。

党首と院内総務を手に入れれば、党内での地位は否が応でも固まる。首相を狙うのはそれからだ。一方のメルツは、まさか自分が纏めているはずの両会派の党首の間でそんな密議が為されていようとは、夢にも思わなかったはずだ。

こうして選挙戦の火蓋が切られた。この選挙はCDU／CSUに分があると見られていた。ところが、総選挙のわずか3ヶ月前、旧東ドイツ地域のエルベ川、ムルデ川流域で世紀の大洪水が起こる。この時、シュレーダーは被災地に素早く駆けつけ、潤沢な援助を約束した。その上、現地での対応が頼もしく、人間味に溢れたものであるとして、人気が急上昇した。おかげで、ＳＰＤは辛うじて選挙で政権を死守することになる。ＣＤＵ／ＣＳＵとの議席の差はたったの３議席だった。

さて、メルケルにとってこれは何を意味したか？　ＣＳＵのシュトイバー党首はドイツの首相になり損ねた。しかし、メルケルとの約束は守られた。つまり、メルケルはＣＳＵの協力で院内総務に選ばれ、メルツは副総務に成り下がった。信じられない展開だった。メルツのメルケルに対する憎しみが、現在に至るまで消えていないように見えるのは、当然のことかもしれない。こうしてメルケルは、応援の希薄な状況にありながらも、党首に次いで、院内総務という重職までを手にしたのである。

シュレーダーの政治生命を懸けた「アゲンダ２０１０」

第２次政権に突入したシュレーダーは、２００３年、いよいよ運命の時が来たとばかりに、「アゲンダ２０１０」という構造改革プログラムを発表する。これは、前政権でやり残した労働市場、および社会保障制度の改革のことで、彼の構造改革の核である。労働市場では、解雇をしやすくして雇用の活性化を図る。社会保障制度では、失業保険をはじめとした社会保障を切り詰める。「アゲンダ2010」は、これなしにドイツ経済の復活はあり得ないと信じたシュレーダーの、政治生命を懸けた究極の挑戦であった。しかし、どう見ても国民の目には、両方とも産業寄りの政策と映った。

労働市場改革は、理屈がたとえ正しくても、最初の痛みが大きい。効果が現れる前に、まず、失業者が増える。それら切り捨てられたと感じた人たちの抵抗が大きくなり過ぎると改革は失敗する。つまり、その成否は、施政者の言葉を国民がどのくらい信じられるかというところに掛かっている。

ところが、この時の国民の辛抱は長くは続かなかった。シュレーダーにとって何よりも不利だったのは、彼が率いていたのが、SPDという労働者の党を標榜する政党だったことだ。中でもハーツ・コンセプトと呼ばれた労働市場改革は、2002年より05年まで徐々に施行されていったが、労働者を搾取する政策というイメージが強く、SPDの支持基盤であった労組はもとより、党内の左派までが敵に回った。その上、これはシュレーダー個人の過ちと言えるが、首相になった当初、「統治は楽しい」と公言し、イタリア製の高級背広を纏い、葉巻を燻《くゆ》らせていた彼の姿を、多くの人たちは忘れていなかった。そこにアゲンダ2010ときては、資本家寄りというイメージは打ち消し難いものとなっていった。これにより、彼は国民の恨みを買い、SPDは人気も政治基盤も失っていくことになる。

自分を「改革の闘士」としてアピール

この間、ＣＤＵはどうしていたか？　シュレーダーの「アゲンダ２０１０」から８ヶ月余り遅れて、メルケルはＣＤＵ全国党大会で独自の改革案を宣言する。これは、党大会の行われた町の名を取って「ライプツィヒ決議」と呼ばれている。内容はというと、税制の簡素化、年金支給年齢の引き上げ、健康を保つ努力をした人に特典のつく医療保険など、「アゲンダ２０１０」に負けない構造改革寄りの政策である。不景気を抜け出すためには改革が不可欠だということは国民にも認知されており、メルケルとしては、シュレーダーのアゲンダ２０１０に対抗できる改革案を出し、国民の目をＣＤＵに向ける必要があった。

党大会でこの改革案が決議されたことで気を良くしたメルケルは、自分を「改革の闘士」としてアピールし、シュレーダーを攻めた。ＳＰＤの改革の進め方は遅すぎる、改革案はゆる過ぎるなどと厳しく批判しつつ、暗にＳＰＤのお尻を叩いた。

メルケル対シュレーダーの一騎討ち

こうして、ＣＤＵに押されるように改革を進めていったＳＰＤは、しかし、２００５年５月、ノートライン＝ヴェストファレン州の州議会選挙でＣＤＵに敗れる。かつてのルール炭田工業地域を包括する労働者のメッカ。39年間、SPDの牙城だったドイツで最大の人口を誇る州である。ドイツは連邦制なので、政治における州の比重は大きい。この州を失ったショックはSPDを激しく揺さぶった。特にSPDの地方議員は、シュレーダーのアゲンダ2010が、自分たちにとって重い足かせになっていることを、はっきりと感じた。

ノートライン＝ヴェストファレン州の州議会選挙での負けが決まったその夜のうちに、シュレーダーは総選挙の前倒しを示唆する。彼は、アゲンダ2010が自党内で骨抜きにされる前に、どうしてももう一度、その正否を国民に問いたかった。ただ、ドイツでは内閣は議会解散の権限を持たないため、シュレーダーは、自分に対する国会での信任投票を誘導するという裏技を使い、6月、議会を解散に持ち込むことに成功した。こうして、9月の総選挙に向かって、メルケルとシュレーダーの一騎討ちの幕が切って落とされた。

この前倒し選挙では、CDUが圧勝するだろうというのが下馬評だった。ところが、蓋を開けてみたら意外な接戦で、最終的に35・2%対34・2%でCDUが勝ったとはいえ、実際には両党共に敗北したようなものだった。メルケルが、いくら党首と院内総務の座を掌握したと言っても、票が取れなければ意味がない。

ドイツでは、選挙当日の深夜、まだ興奮や失望の冷めやらぬ各党の党首が、国営テレビ局のスタジオで一堂に会し、ジャーナリストのインタビューを受けるという恒例の番組がある。この夜、その番組の中で、シュレーダーが爆弾発言をした。自分が首相になるべきだと、彼は主張したのだ。その根拠は、ＣＤＵとＣＳＵの票を別々に数えれば、ＳＰＤの得票が一番多いというものだった。

結局、ＣＤＵ／ＣＳＵとＳＰＤはこのしこりを残したまま、それぞれ連立の模索に入った。ＣＤＵ／ＣＳＵはこれまで通りＦＤＰと組んでも過半数が取れず、ＳＰＤと緑の党の連立も同様だった。その原因は、東ドイツの独裁党ＳＥＤの流れを汲む左派党が急進したからで、もちろん、これもアゲンダ２０１０の副作用だったと言える。しかし、既存の政党は左派党との連立は拒絶し、ＦＤＰは緑の党との連立も拒絶した。また、緑の党はＣＤＵ／ＣＳＵとの連立を拒絶したので、結局、メルケルに残された選択肢は、ＳＰＤとの大連立しかなくなってしまった。

メルケルは、今や自党内での立場も決して安泰ではない。選挙の不首尾をメルケルのせいにしようとする勢力は思いのほか強く、メルケルの改革案には人間味が欠けていたから支持者が離れたなどという非難の声も上がっていた。つまりメルケルが首相の座を射止めるには、自党の反メルケル勢力を制しつつ、ＳＰＤとの交渉を進め、大連立を何が何でも成功させなければならなかった。問題は、どのように両党の政策をまとめて共同の施政方針とするかである。

関心は改革よりも大連立

連立政権の政策の調整での一番の課題は、今なお構造改革だった。しかし実際には、CDUもSPDもそれで争った結果、肝心の国民にそっぽを向かれたのだ。当然、両党とも改革に対しては慎重になっていた。CDU内では、内部の左派勢力が構造改革を労働者寄りのものに変えようと画策していたし、SPDも、今なおもシュレーダーのアゲンダ2010を振り回すほど愚かではなかった。

ただ、メルケルとしては、改革を行うという公約をまるきり反故にしては国民の信用を失う。しかし、やりすぎると支持を失う。改革は危険だと彼女ははっきりと感じていたはずだ。自ら墓穴を掘るわけにはいかない。では、落とし所はどこにするか？　彼女の頭の中で警鐘が鳴っていた。

この時の連立交渉は、その後のメルケル政治の特徴をよく表していて、非常に興味深い。この時、彼女の一番重要な関心は権力の掌握だった。つまり、いかにしてSPDを大連立に引き込むかということである。つまり、構造改革は二の次だった。あるいは、最初からそんなものには興味がなかったのかもしれない。しかし、メルケルはそれを匂わせることすらしなかった。

ＳＰＤとの交渉が成立した時、その大連立内閣の青写真が公表された。それによれば、労働市場改革の管轄が、経済省から、新しく作られた労働・社会省に移り、それがＳＰＤに与えられていた。流石にＣＤＵが経済省を手放すわけにはいかなかったからだろう。ただ、それだけではない。財務省も保健省も、つまり、構造改革の鍵を握る重要な省を含む8省が、すべてＳＰＤの手に落ちていた。一方、ＣＳＵが2省、ＣＤＵは5省だ。この破格のＳＰＤ優遇に、周りは唖然とした。

『近くから見たアンゲラ・メルケル』の著者ヨゼフ・シュラーマンは、この時のことを次のように書いている。

「私が『労働市場改革、税制改革、医療改革について、その管轄となる省をすべてＳＰＤに手渡すというのは、どのような構想によるものか』と尋ねた時、メルケルはその問いへの答えを用意していなかった。おそらく構造改革などもう意味を持っていなかったと思われる。その後、ロナルド・ポファラ幹事長と協議してから、彼女は焦点をぼかすように、こう答えた。管轄の大臣だけが構造改革についての責任を負うわけではなく、連立政権として改革をやり遂げるためだと」

雇用を活性化するためには、まず、企業が従業員を解雇できるような制度を整えなければならないし、企業を社会保障費の高負担や、自動的な賃上げの義務から解放しなくてはならない。しかし、SPDにはすでにそれを断行する気はないだろう。そして、SPDにその気がなくても、メルケルにとって、おそらくさほど大したことではなかった。こうして、大連立政権の施政方針からは、選挙前に唱えられていた多くのことが消え、構造改革は次第にその輪郭を失っていくことになる。

「シュレーダー前首相には感謝したい」

2005年11月、大連立政権が成立、メルケルがドイツの首相に選出された。初の女性で、初の東ドイツ出身で、しかも、最年少のドイツ連邦共和国の首相の誕生だ。世界中のメディアがメルケルに瞠目《どうもく》した。彼女の掲げた施政方針のモットーは、「再建―投資―改革」。メルケルが選挙戦の間に叫んでいたのは「改革―再建―投資」であったが、「改革」が一番後ろに追いやられたことに、多くの国民は気が付かなかった。

副首相と労働・社会相には、SPDのフランツ・ミュンテフェリングが就任。ちなみに、副首相と大臣職を提案されたシュレーダーは、「自分の人生計画には副首相はない」と言い放ってそれを蹴った。そして、議員職からも退き、あたかもアゲンダ2010と心中するように政界から消えてしまう。もっとも、彼が国民の視野からきれいに消えたわけでないことは、あとでわかってくるのだが……。

「シュレーダー前首相には感謝したい。彼の勇気と、アゲンダ２０１０が、閉ざされた扉を開き、社会システムを現実に即したものにしてくれた」

これは、シュレーダーが政界を去った後、メルケルが彼に送った賛辞だ。つい数週間前、テレビ討論会でメルケルに向かって、「あなたに首相など務まらない」と侮蔑の言葉を投げつけていたシュレーダーの姿を国民はまだ忘れていなかった。そのシュレーダーを、今、謙虚に褒める勝者メルケルは、国民の目にどのように映っていただろう。シュレーダーにとっては、おそらくメルケルの高笑いにしか聞こえなかったのではなかろうか。

法定最低賃金の設定で党内を「ペテン」に

メルケルはもちろん知っていた。シュレーダーがよろめきながら断行したアゲンダ２０１０がまもなくその効果を発揮することを。たとえ自分がこの先、彼の残した改革を少々緩和しようが、その方向性は変わらないはずだ。大切なのは、シュレーダーの二の舞を踏まないこと。そうメルケルが心に誓っていただろうことは、その後の政策転換で嫌というほど証明されることになる。

たとえば、連立政権の施政方針の中に、法定最低賃金の設定があった。労働者の味方ＳＰＤの宿願である。ただ、ＣＤＵは、法定最低賃金の設定にはいくつかの厳しい前提条件をつけるということを盛り込んだ。つまり、そう簡単には最低賃金制度は広げないという、産業界へのシグナルだった。それについて前述のシュラーマンはこう書く。

「政府はペテンを行った。首相は自党に対しては、最低賃金においてSPDに譲歩し過ぎてはならないと警告し、（略）一方で、SPDの労働相ミュンテフェリングには、最低賃金を徐々に多くの業種に拡大すべく法制化の準備をするよう要請していた。2007年6月、CDU／CSUとSPDの合同委員会が、最終的にその法案をまとめた。それは、業種別の最低賃金は、先にCDUが定めていた（厳しい）条件に適っていなくても定めて良いというものだった。そして、ミュンテフェリングが持ってきたその法案を、アンゲラ・メルケルは何の留保もなしに承認した。つまり、これにより（これまでCDUが主張していたこととは裏腹に）、法定最低賃金を持つ業種はいくらでも増やせることになった。SPDがこの後、『最低賃金における突破口』といったのは当然だった。こうして首相はCDUが党大会で定めていた『低所得に関するコンセプト』を、党内で一切討議し直すことなしに封殺してしまった」

お里帰りしたSPD

新しくメルケルの右腕となったミュンテフェリングは、シュレーダーやシュトイバーほど権力志向が強くはなかったようだ。政権が動き出すとまもなく、二人がにこやかに並んでいる映像などが多数発信され始め、そこには長年連れ添った夫婦のような和やかな雰囲気が漂っていた。女性首相ならではの技である。これらの映像が、どの程度意図的に作られていたかはわからないが、多くの国民をほっとさせたことは確かだった。ＣＤＵ／ＣＳＵとＳＰＤの連立が水と油のようで機能しないのではないかという懸念は、急速に遠のいていった。そして、これに気を良くしたメルケルは、その後もずっと安心感を演出し続けることになる。

ミュンテフェリングは２年後の２００７年、家庭の事情で中央政治から退いたが、この頃になると、ドイツ社会は統一の混乱をようやく抜け出し、景気も少しずつ上向き始めた。失業率も過去12年で最低の水準にまで下がった。メルケルは、自分たちの政治が、当初の目標である「再建―投資―改革」、つまり、旧東ドイツ地域の復興、イノベーション、産業構造の改革という三つの困難な課題を成功させたと自画自賛した。もちろん、そこにはアゲンダ２０１０の効果が大きく作用していたことは言うまでもない。

この年の後半、アメリカでサブプライム住宅ローン問題が勃発した。その影響で多くの銀行が傾きかけたが、しかし、当時はまだ、それほど深刻なことにはならずに切り抜けられるだろうと、皆が高を括《くく》っていた。

ところが、翌年９月、リーマン・ブラザーズが経営破綻に陥ると、それがあっという間に世界規模の金融危機に拡大した。ドイツでは、ＳＰＤの財相ピア・シュタインブリュックが危機対応に大わらわで、政府は財政困難に陥った銀行や企業に膨大な資金援助を断行した。

金融危機で、SPDはいつになく高揚していた。自由資本に市場を委ねた結果がこの経済危機であるという理屈は、彼らの信条にぴったり適う。「我々が政治のルネッサンスを体験していることは確かである。なぜ強い政府が不可欠であるか、その理由が、今、私たちにとってさらにまた増えた」と言ったのは、のちに社会・労働大臣となるSPDのアンドレア・ナーレスだ。それどころか、シュタインブリュック財相は『シュピーゲル』誌に向かって、「マルクス理論のある部分はそれほど間違ってはいない。我々が体験したタガの外れた資本主義は欲望に溢れ、最終的には自らを食い尽くす」と、資本主義批判を展開した。SPDは完全にお里帰りしてしまった。

しかも、それがドイツ国民の支持を得た。政治評論家や学者が、新自由主義は死んだと囃し立て、規制や国家の介入が見直された。SPDはいっそう胸を張った。

不思議な労組との蜜月

では、CDUは？　不思議だったのは、なぜか、CDUまでが同じ意見だったことだ。いつの間にか両党の間には衝立《ついたて》がなくなり、大連立は妙に融合していた。この状況に満足していたのが、CDUの党首、メルケルであったことは言うまでもない。メルケルは、マルクス理論を褒めるなどという愚かな失敗こそ犯さなかったが、ドイツの社会主義化については、違和感も危機感も感じていなかったようだ。その証拠に、彼女と労組の間は次第に蜜月となっていった。

　ただし、他のＣＤＵの党員が、皆、この現象に満足だったわけではもちろんない。大きな政府や、規制、介入、国営化など、どれをとっても従来のＣＤＵの考え方とは相入れない。この戸惑いが不満となり、その後、ＣＤＵ党内に不協和音が生まれる。そして、メルケルの力が増大するにつれ、やがてこの不協和音が党内の分裂につながり、果ては、ドイツ政治の方向性の問題にまで発展することになる。

「綿で包まれた選挙戦」のはずが

　２００９年になると、ギリシャの経済破綻が発覚した。これによりユーロ危機が勃発し、経済はますます混乱する。

　その混乱の中、秋には総選挙が行われた。この時ほど、これと言った特色のない選挙戦も珍しかった。それもそのはず、ＣＤＵとＳＰＤは４年の間に大幅に近寄っていたため、戦おうにも、明確な違いがそもそもなかったし、下手に相手を批判すると、火の粉が自らに降りかかってくる恐れもあった。つまり、それ以前から両党の間に漂っていた不思議なハーモニーは、選挙戦の間もそこに留まったままだった。そういう意味では、リベラルのFDPや、社会主義政策に徹する左派党などの方が、見ていて面白かった。

しかし、国民の間ではギリシャの金融問題によって、ユーロに対する不信感や、先行きの経済不安が募っていた。おそらくそれもあってメルケルは、はっきりした政策を打ち立てる代わりに、自分自身に焦点を当て、「私に任せておけば大丈夫」といった安心感を演出することに終始した。それに不満を持ったCDUの一部党員が、「綿で包まれた選挙戦」と皮肉った。特に、地方の政治家にストレスが溜まった。それでも、CDUが圧勝するだろうというのが事前の予想だったので、どうにか皆、不満を抑えていたのである。

ところが、蓋を開けてみたら、そうではなかった。CDUは第1党を保ったものの、得票率は史上2番目の低さまで落ち込んでいた。そして、奇妙なことに、あれほど胸を張っていたはずのSPDはさらに大きく墜落し、得票率を11・2%ポイントも減らした。本来なら、CDUと組むことの間違いに、彼らはこの時点で気づくべきだったのだ。しかし、SPDは与党に入りたいばかりに、第3次、第4次もメルケルと連立を組むという過ちを繰り返し、最後には、存在が危ぶまれるほどに衰弱する。その経過についてはのちに詳述したい。

東西統一のカオスを糧に

第2次メルケル政権では、ＣＤＵはＳＰＤとの大連立を一旦解消し、ＦＤＰを選んだ。この連立は、最終的にはかなりの不首尾に終わるのだが、そんなことはメルケルにとって、すでにどうでもよかったのではないか。いずれにせよ、この4年の間に世界はかなり混乱する。しかし、金融界や、ＥＵのユーロ圏の大混乱が続けば続くほど、メルケルはますます本領を発揮し、軸足を外に移し、ＥＵの大地に咲く大輪のダリアのような存在になっていく。

思えば、東西統一のカオスの中で生まれ、カオスを糧とするかのようにスクスクと成長してきたメルケルだった。この稀代の政治家にとって、乱世は、まさに魂が震えるほど魅力的なものであったに違いなかった。

第8章

君臨するメルケル

国民を味方に付ける快感

新自由主義に消極的だった

第2次メルケル政権が成立したのは、2009年10月。すでに記したように、保守のCDU／CSUとリベラルのFDPの連立である。ただ、FDPとの連立が本当にメルケルの意思であったのかどうかは、今となっては怪しい。コール時代の16年間、FDPとの連立が成功していたため、CDU内に、連立ならこの組み合わせがベストという固定観念が何となくあったような気もする。あるいは、CDU／CSUは保守であり、SPDとは相入れないという既成概念に捉われていたかもしれない。いずれにしても、FDPとの連立に、CDUの誰も疑問を感じなかった。彼らの党首メルケルが、静かに保守の座を離れようとしている現実を、この時点で多くの党員は、まだ明確に認識していなかったという可能性はある。

2009年、政権が始まった時、ドイツはリーマンショックからまだ立ち直っていなかった。経済成長はマイナスで、全国で45万人の労働者が、雇用調整費によって失業を免れているという状態だった。SPDと連立していた4年間、本来なされるべきだった労働市場改革は滞っていた。だから今こそCDUは「ライプツィヒの決議」の精神に立ち戻って、その仕事に取り掛かるべきなのだ。そして、そのためには、FDPは絶好の連立相手であるはずだった。

カール＝テオドア・ツー・グッテンベルク（写真提供：dpa/時事通信フォト）

企業の負担を軽減し、経済を真の意味で立て直すという新自由主義的な政策を唱えて張り切るFDPに対し、しかし、CDUは消極的だった。たとえば、税制改革は予算不足という理由で薄められつつあった。そこで、CSUの議員、カール＝テオドア・ツー・グッテンベルクが、予算捻出のために歳出の削減を提案したが、メルケルはそれを断固拒否した。国民の不興を買うことがわかっていたからだ。せっかく奪い取ったノートライン＝ヴェストファレン州を、彼女は落としたくなかった。同州の州議会選挙は翌年に迫っていた。

そんなわけで、最終的に連立は成立したものの、CDU内の左派の抵抗もあり、共同施政方針からは、すでに税制改革や医療保険改革の肝心の部分は抜け落ちていた。最終的にはメルケルの旗の下で、この党内左派勢力がCDUを支配していくことになる。
こうして政権は始動したものの、CDUの中ではそのうち、「ライプツィヒの決議」は言及されなくなり、やがて口にすることがタブーとなった。

義務的な結婚をした夫婦

しかも、まもなく、メルケルと、FDPのグイド・ヴェスターヴェレ副党首、兼外相との相性は、それほどよくなさそうだということが、一般国民の目にさえ見え始めた。そして、そのうち、この二人は義務的な結婚をした夫婦のようだと言われるようになる。この現象は、政策のすれ違いから生じていたこともあるが、しかし、メルケルの態度の変化とも関係していたと私は思っている。

第1次政権でのメルケルは、党内での足元は万全ではなかったし、国民の評価も固まっていなかった。しかも、連立の相手はドイツ最古の伝統を誇るSPDで、国会ではたったの4議席の差しかなかったのだから、メルケルの態度が非常に慎重だったのは当然と言えた。

しかし、今やそのSPDは得票率を前回から11・2%ポイントも下げ大敗した。そして、新しい連立相手のFDPは、CDUよりはずっと小さな党だ。もちろん、CDUも得票を大幅に減らしたが、だからと言ってメルケルがFDPに遠慮する理由はなかった。かつてのコール首相がＦＤＰのゲンシャー外相に対し敬意を持って接していたのとは打って変わって、メルケルのヴェスターヴェレ外相に対する扱いには、はっきりと上から目線が感じられた。それを見ていると、メルケルにはＦＤＰと決めたささやかな改革さえ、本当に実施する気があるのかどうか、だんだん疑わしくなるのだった。

連立を組むと落ちぶれていく

それにしても興味深いのは、ＣＤＵと連立を組む党が、あたかもメルケルに精力を吸い取られるかのように、次々と落ちぶれていくことだ。ＳＰＤはあれほど優遇され、社会主義的な色のついた独自の政策も押し通せたというのに、大敗を喫した。そして、その後を継いで第２次政権で与党入りしたＦＤＰも、いずれ人気が低下し、４年後の総選挙では国会での議席をすべて失うことになるのだ。その同じ期間に、ドイツはＥＵの盟主となり、メルケルの国際的な地位が急上昇するのだから、まことに不思議な現象だった。

ちなみに、現在のＦＤＰは辛うじて議席は取り戻してはいるが、支持率は５％前後と低迷したままだ。しかも、興味深いことに、野党の中では保守の新党であるＡｆＤと並んで、メルケル批判の急先鋒となっている。

なぜ、コールとゲンシャーはスクラムを組むことができたのに、メルケルはＦＤＰと相性が悪かったのか？　それはコールの時代には中道という共通項があったが、メルケルの時代ではそれが失われつつあったからだろう。いわゆる「大きな政府」に異議のないメルケルと、基本的に個人の自由を重視し、「小さな政府」を求めるＦＤＰは、今や、政策をすり合わせることも困難になっていた。２００９年の時点でそれに気づかなかった事が、ＦＤＰにとっての致命傷となった。

「音無しの構え」で選挙に失敗

２０１０年５月、注目のノートライン＝ヴェストファレン州の州議会選挙が行われた。５年前の選挙で、同州の政権が36年ぶりに、ＳＰＤの手からＣＤＵに移ったことはすでに書いた。どうしても、この州の政権を死守したかったメルケルが取った作戦は、なんと「音無しの構え」だった。はっきりと保守色を出して反感を買うよりは黙っていた方が良いと思ったのか、あるいは、メルケル自身が保守的な政策に納得していなかったのか、それはわからない。しかし、いずれにしても、その作戦は失敗し、ＣＤＵは得票率を10％ポイント以上も減らし、政権はＳＰＤと緑の党の連立に切り替わった。

ＣＤＵにとって大きな打撃であったのは、これにより、ＣＤＵが参議院での過半数を失ったことだ。ドイツの参議院は、各州政府が人口に応じて派遣してくる議員によって形成される。つまり、ここで過半数を切るということは、政府の法案が押し戻される可能性を意味する。CDUの地方議員たちの間で、メルケルの「音無しの構え」作戦に対する不満が噴出した。

シュラーマンはこれについて、自著『近くから見たアンゲラ・メルケル』の中で次のように書く。「CDU／CSUとFDPの合同プロジェクトが、開始後7ヶ月で頓挫する危険に晒《さら》されている。これではドイツ政府は事実上、また大連立と同じだ。ノートライン＝ヴェストファレン州の選挙結果を見れば、成長と改革のための政治など、ほとんど死んでしまったように見える。この責任の一端は、この数ヶ月、（略）説得力のあるコンセプトを一切出さなかったメルケル首相にある」。それと同じことを、おそらくFDPも思っていたに違いない。彼らにしてみれば、せっかくの政治のチャンスを奪われたまま、時間だけが無為に過ぎていったのである。

「危機対応首相」の異名

ただ、この時、実は多くのドイツ国民の目は、ノートライン＝ヴェストファレン州とは違うところに注がれていた。選挙のちょうど6日前、ドイツ政府は、デフォルトの危険に陥ったギリシャに対する巨額の援助を決定した。そして、まさに選挙の日、EUの財相会議では、5000億ユーロという破格の救済案がまとまった。そのうち、ドイツの保証額が1500億ユーロに上ったため、国中は大騒ぎになっていた。ギリシャが借金を返せなければ、ドイツの税金が1500億失われてしまうのか⁉

ちなみに、この救済によりEUの財政政策は一変する。EUには元々、自国の財政にはそれぞれが責任を持たなければならないという鉄則があった。共通通貨の下では、国債乱発という軽率な行為が起こりやすく、そうなればEU全体の財政が破綻してしまう恐れがある。それを防ぐため、他国に財政援助を与えてはいけないということが、EUの条約であるマーストリヒト条約に明記されている。当時のコール首相が必死で織り込んだ文言だった。その禁断の文言が、ギリシャの救済で骨抜きにされた。

しかも、この時すでに、懸念は現実のものとなっていた。ギリシャのみならず、他のいくつかのEU国も借金で身動きが取れず、EUが多額の救済措置を施したにもかかわらず、金融界は混沌とし、事態は深刻度が増していた。この時、解決のために奔走したのがメルケルで、彼女の名声はカオスの大きさに比例するように増大し、やがて「危機対応首相」という異名をとるほどになっていく。

反原発の悪夢再び

また、ドイツでは、エネルギー政策もおかしな動きを見せていた。ＣＤＵ／ＣＳＵとＦＤＰの共同施政方針には、市場経済に則ったエネルギー政策として、原発の稼働年数を延長することが記されていた。前政権では、エネルギー政策はＳＰＤの反原発の姿勢が幅を利かせ、膠着状態が続いた。つまり、ＣＤＵが独自のエネルギー政策を進められなかったのは、ＳＰＤの合意が得られないからだとされていた。

２００９年1月、私がベルリンで、ある日本のテレビチームの取材の通訳をした時、担当の経済・技術省の役人は、「もし、秋の選挙でＦＤＰとの連立政権になれば、エネルギー政策は原発容認の方に戻る」と言っていた。そして、政権はその通りＦＤＰとの連立となり、10年の秋、過去にシュレーダー政権が決めた原発の稼働年数が平均12年ほど延長された。この措置は、これまでのＣＤＵのエネルギー政策に適合するものだった。

ところが、これが思いがけない展開を招く。まず、国民の怒りが激しかった。ドイツ人の原発嫌いは１９７０年代からの筋金入りで、そこに86年のチェルノブイリの事故が拍車をかけた。つまり、国民の多くは、原発はすぐにでも止めてほしいと思っていたのに、よりによって稼働延長となったのだから、皆、黙ってはいなかった。しかも、間の悪いことに、この年の末にはフランスで処理された使用済みの核燃料棒が、北ドイツのゴーレーベンの中間貯蔵施設に戻ってくることになっていた。輸送の妨害行為は常軌を逸したレベルに達し、国中が騒然となった。そして、この騒動と警備費の増大を目にして、そうでなくても原発嫌いの国民の怒りがさらに高まった。

困ったのはメルケルだった。おそらく彼女の脳裏には、昔、環境相だった頃のことがありありと蘇ったに違いない。１９９５年の核廃棄物の輸送でも、彼女は危うく足を掬われそうになったのだ。なのに、ＦＤＰと共に稼働年数の延長などを手掛けてしまった。よりによって、翌年には重要な州議会選挙がいくつか、そして、翌々年には総選挙までが控えている。とはいえ、今さら前言の撤回などはあり得ない。そんなことをしても無様なだけで、誰も拍手はしてくれないだろう。しかし、このままでは勝てない。今や原発は、メルケルの政治生命を脅かすファクターであった。どうにかしなくては！

3・11で生き生き

この悪夢からわずか4ヶ月後の２０１１年3月11日、地球の裏側で大地震が起こり、大津波で福島第一原発が事故を起こした。私はこの時、偶然、東京にいたが、震災から5日後、予定通りドイツに戻った。そして、ドイツで流されていた報道を目にして、びっくり仰天したのである。その多くははっきり言ってフェイクニュースだった。

当時のドイツでは、日本の首相の名前を知らなくても、「Fukushima」と「TEPCO（東電）」という言葉は誰もが知っていた。そして彼らの多くは漠然と、日本には、放射能に高度に汚染され、住めなくなってしまった土地が茫々と広がっていると思っていた。しばらくして健康診断でかかりつけの医者に行ったら、頼みもしないのに、私だけ特別に甲状腺の超音波検査をしてくれた。ニュースでは、相変わらず福島第一原発が水素爆発を繰り返し、しばらくすると、その映像には効果音まで付けられた。とりわけ、緑の党のはしゃぎ方は尋常ではなかった。彼らは原発攻撃に専念し、それを聞いた人々は、日本での死者２万人は放射能のせいだと勘違いするほどだった。

その途端に、メルケルも生き生きと動き出した。早くも３月14日にはモラトリアムが発動され、全国17基の原発のうち、旧式の７基が安全点検のために３カ月の間、停止されることになった（すでに点検のために止まっていた原発が１基あったので、計８基が停止）。それらは、もう二度と動くことはなかった。

科学的視点は軽視

さらに、倫理委員会が結成された。正式名は「安全なエネルギー供給に関する倫理委員会」。政府が難解な問題にぶつかったとき、多様なジャンルの賢人が招集され、審議し、最終的な意見を政府に具申するのが倫理委員会で、その役目は「科学と倫理のバランス」のチエックだ。

ただ、この人選が驚くべきものだった。哲学者、社会学者、政治学者、経済学者などが名を連ねたが、中でも一番多かったのが聖職者。脱原発の是非を決めると言うのに、原子力の専門家も、電力会社の代表も招集されていなかった。そして委員長として担ぎ出されたのが、環境問題専門家としては神話的存在となっていた長老テプファー。かつてメルケルが環境大臣になったときに、その席を譲らされた因縁付きの人物である。いずれにしても、この時、物理学者メルケルは、脱原発の決定の過程において、科学的視点は軽視した。

3月27日は、バーデン＝ヴュルテンベルク州の州議会選挙だった。戦後ずっとCDUの牙城とも言える保守的な州だったが、突然、緑の党が急伸し、SPDと連立して、政権を奪い取った。こうして、ドイツで初めて緑の党の州政権が誕生することになった事実は、メルケルに甚大なショックを与えた。

国民が脱原発を望んでいることは明確である。こうなったら、脱原発に舵を切るしか権力維持の手立てはなかった。

緑の党よりもエコに

この後はすべてが異常な速さで進んだ。5月30日、前述の倫理委員会が、ドイツは22年までに脱原発ができるだろうという結論を出した。彼らは「今、議論すべきことは、脱原発の時期や数ではなく、脱原発後にはたしてどうやって電力を供給するかである」と、当たり前のことを付け加えたが、しかし、その当たり前のことを政府は具体的につっこまないまま、あたかも専門家の言質を取ったかのように、敢然と脱原発に向かって舵を切り替えた。22年というのは、もともとシュレーダー政権が目標にしていた時期よりも、ほぼ10年も脱原発を前倒しにしたことになる。国民は沸いた。

こうしてＣＤＵは唐突に、緑の党よりもエコになった。その切り替えの速さは、単なる方向転換というより、３回転捻《ひね》りの超絶技巧に近かった。６月30日、賛成５１３票、反対79票、棄権が８票で、新しい脱原発法が連邦議会で可決された。議決の前に行われた各党代表のスピーチは、どれもドイツ人のロマンチシズムと高揚感が満載で、実に感動的だった。特にリョットゲン環境相（当時）のスピーチには「本日はドイツ国にとって、まことに佳き日」「脱原発は革命」「国民全員の共同プロジェクト」「達成する国があるとしたらそれはドイツだと世界中が注目している」「経済的にも採算が取れ、環境のためにも大いに貢献でき……」等々、破格の自画自賛が並んだ。去年の秋に、自分たちが原発の稼働年数を延長したことなど、すっかり忘れてしまったかのようだった。

これにより、ＦＤＰの顔は完全に潰れ、一方、これまで反原発を提唱してきたＳＰＤと緑の党は、気がついたら、CDUに対する攻撃材料を失っていた。脱原発の決定を祝うその真ん中にはメルケルが君臨し、世界中から賞賛を受けていた。この時の、SPDの政治家たちの呆然とした表情を、私は忘れることができない。彼らの驚愕の理由は、しかし、メルケルの変わり身の早さだけではなかった。このエネルギー政策のあまりの無計画さ、国家経済を脅かしかねないほどの膨大なコストに、彼らは言葉を失っていたのだ。

変節の理由

この後、メルケルの変節の理由があちこちで取り沙汰された。「福島がすべてを変えた」という彼女の言葉をそのまま鵜呑みにする人は少なかった。ドイツは石炭や褐炭はあっても、石油やガスを持たない。だからこそ、70年代のオイルショックの後、原発に力を注いできたのは、日本と同様だった。その成果もあって、ドイツの原発は世界で一番安全性の高いものの一つと言われていた。なのに、その安全で貴重な原発を、地震も津波もない国で、なぜこれほど性急に止めなければならないのか。もちろん、選挙の成り行き、ひいては彼女自身の権力の維持が大きな位置を占めていただろうことは想像できる。しかし、安全のために止めるというメルケルの言葉は、矛盾が大き過ぎた。

なぜなら、狭いヨーロッパでドイツが原発を無くしても、国境沿いにはドイツより安全性が高いとは言い難い多くの原発が並んでいる。それらがひとたび事故を起こせば、ドイツも巻き込まれることは、チェルノブイリ原発の事故が証明している。やはり脱原発を推進してきた緑の党は、当時、この点を指摘され、「世界から1基でも原発が減るということに意義があるのだ」と苦しい言い訳をした。しかし、私は、ドイツ人が原発を止める理由は、理屈ではなく、「嫌いだから」に尽きると思っている。

保守に見切りをつけたポピュリズム

なお、メルケルが原発を止めた理由としては、私は、さらにもう一つの可能性を打ち消すことができない。それは前章でも触れたが、メルケルの頭の中には、緑の党と同じ思想が宿っていたのではないかということだ。２０１１年、日本のある会合で、私がその考えを、「ただの直感ですが」という前置きをしながら語った時、その場にいた人たちは明らかに懐疑的だった。しかし、今ではそれは私の確信となっている。

つまり、メルケルにとっての脱原発は、一時の保身であると同時に、本来の信条でもあったのだ。彼女が隠れ反原発派であったと仮定するなら、一連の謎はすっきりと解ける。ＣＤＵの党首が緑の党と心を通じ合わせているという推測は突拍子もなく聞こえるが、脱原発に舵を切るには、福島第一原発の事故は二度とない好機であり、メルケルとしては逃すわけにはいかなかった。ただ、自分たちが前年に延長した稼働年数を元に戻すだけでは、それを過ちだと認めたことになってしまう。だからメルケルは自分の脱原発を、シュレーダーよりもさらにラディカルにする必要があった。

そして、それを断行した途端、国民は我を忘れたように彼女に声援を送った。これまでCDUの政治家として原発容認の政策を推し進めるたびに、メルケルは国民を真っ向から敵に回さなければならなかったが、この時、メルケルは国民を味方に付ける快感を味わったのではないか。しかも、それは結構、簡単だった。いずれにしても、この成功が、彼女のそれ以後の政治を決めることになる。つまり、この時以来メルケルは、傍から見ていてもはっきりと、国民が好む政治に専念していく。それは、言い換えれば、社会主義的な、企業を敵に回す政治だ。保守党の党首で、保守の顔をしながら、彼女は保守にはっきりと見切りをつけた。それはすなわち、ポピュリズムと言い換えることもできた。

「スーパースター」が「ホラ吹き男爵」に

この年の7月、ドイツでは半世紀以上続いた徴兵制が停止され、軍隊は以後、職業軍人と志願兵のみとなった。これに伴い、国防省の人員も国防予算ももちろん減った。ちなみに、今、思い返しても、徴兵制の停止はかなり唐突に行われた感がある。しかし、軍隊に否定的な国民が多いドイツでは、さほど深刻なこととは受け取られなかった。それよりも、これまで徴兵を忌避した大勢の若者が、その代替の任務として老人ホームや救急班などで働いていたため、以後、それがなくなった場合、予想される人手不足をどうやって解決するかということの方が重大問題とされた。国防という観念がなくなりつつあるのは、日本もドイツもよく似ている。

なお、徴兵制の停止は、その前年に国防相となったカール＝テオドア・ツー・グッテンベルクが主導した。ツー・グッテンベルクというのは、タキシードを纏《まと》えば、その優雅さはハリウッド男優を凌ぎ、防弾チョッキで砂漠を行けば、その精悍さに皆が目を瞠《みは》るという、まさに花形の39歳（当時）の政治家だった。出自は、家系図を12世紀初頭まで遡ることができる貴族で、推定資産は約４億ユーロ（４５０億円）と言われた。その存在にさらに箔をつけたのが彼の美人妻の存在で、初代ドイツ帝国宰相ビスマルクの曾孫。当時、新聞は彼のことを書く時には臆面もなく「スーパースター」という枕詞を使い、ドイツ国民の半分近くが、将来、ツー・グッテンベルクが首相になることを望んでいた。

この頃、ドイツはアフガニスタンで泥沼にはまっていた。政府が平和的任務のために派兵した兵隊が次第に戦闘に巻き込まれ、タリバンの標的になり、戦死者が出た。戦争をしないはずのドイツ軍が戦争をしていることに対して、国内で批判の声が高まったが、派兵はＮＡ

TOやEUとの連携行動であるため、勝手に引き揚げるわけにはいかなかった。そこで、困ったメルケルは、急遽、人気者ツー・グッテンベルクを国防相に据え、怒る国民をなだめる一方、戦地の兵隊を鼓舞するというアクロバット的な任務を彼に課した。

「スーパースター」は、メルケルの期待を裏切らなかった。何度もアフガニスタンに飛んでいるうちに、世論は急激に変わり、2010年のクリスマスには、戦地の兵隊の元に国民からの山のようなプレゼントと心温まる手紙が届いた。しかし一方、その裏で、徴兵制度の停止や、軍事費の削減という、国防力を弱める計画も着々と進んでいた。

スーパースターの墜落は唐突だった。一連の軍政改革が実施されようとしていた2011年2月16日、彼の博士論文に盗作の疑惑が持ち上がった。出典を明示していない引用がたくさんあったとのことで、その1週間後には国会で「嘘つき」「詐欺師」など、侮蔑のヤジが飛び交った。しかも、ついこの間まで「スーパースター」とおだてていたメディアが、「コピー・アンド・ペースト大臣」「ホラ吹き男爵（グッテンベルクの家系は元男爵だった）」などと叩いた。この時も、はたしてドイツ人の翻意は凄まじかった。ツー・グッテンベルクの人気を苦々しく思っていた議員が、殊のほか多かったことが、あっという間に明るみに出た。

カリスマに対する脅威

ただひょっとすると、本当に彼の存在に脅威を感じていたのは、メルケルではなかったか。すでに、ドイツ軍の参戦を国民に納得させることはできた。国防力の縮小という、国の根幹を危うくするかもしれない改革も、魔法のようにスムーズに進んでいる。これらは、ツー・グッテンベルクのカリスマのおかげであることは間違いなかった。

ただ、このままいくと、彼は首相の地位を狙い始めるだろう。そして、国民がそれを支持する。この期に及んで、自分の首相としての地位を脅かす人間をメルケルは必要としなかった。ツー・グッテンベルクの役目は終わった。

まもなく、ツー・グッテンベルクは汚辱に塗《まみ》れて政界を去り、さらにアメリカに渡った。いずれにしても、この降って湧いたような論文盗作事件には、なんとなく後味の悪さが残った。ただ、彼がいつの間にかドイツに舞い戻り、しかも、メルケルの足元を揺るがすかもしれないきっかけを作るのは、それから10年も後のこととなる。

落胆する産業界

第２次メルケル政権は何事もなかったように進んでいった。施政方針にあった経済と労働市場の改革は、あまり進まなかったものもあれば、まるで手がつけられなかったものもあり、要するに、大した成果は上がらなかった。相続税の軽減や、法人税の簡素化は空約束に終わり、営業税と付加価値税の改正も行われなかった。

そんな中、ウルズラ・フォン・デア・ライエン労働相（CDU）の活躍だけが目立ったが、彼女がやったのは、大企業の役員会での女性の割合を法律で定めること、パートの労働条件の向上、年金の最低額の引き上げといった、本来、計画されていたのとは逆方向への改革であったため、産業界はひどく落胆した。雇用者組合の委員長は、「ドイツ政府は、ヨーロッパレベルでは、金融危機の解決のために成果を上げている。しかし、内政においては、経済界の期待に答えることはできなかった。それどころか、多くの理性的な改革案を台無しにし、後退させた。こんな事は想像もしていなかった」と失望を語っている。この言葉が、メルケルの心に響いたかどうかは、わからない。なぜなら、この頃、一般国民の間での彼女の人気は、さらに高まっていたからである。

第9章

世界を救うメルケル

「ドイツ人は理性を失った」

作り上げられた母性的イメージ

2013年の総選挙は、癒しの選挙だった。奇しくもCDU、SPD両党が、「みんなで仲良く」とか「力を合わせて」というようなことを強調した。被差別者、低所得者、一生懸命働いてきたのに年金の少ない人など、いわゆる「弱者」に焦点が当てられ、彼らを救うための「仲良し社会」がアピールされた。個人の能力や自由は鳴りを潜め、効率や合理性の向上よりも、誰もが置いてきぼりにされない平和で平等な社会を作ることが良いこととなった。つまり、競争社会のベースになる市場経済主義そのものを否定するような空気が、選挙戦を支配した。日本共産党のスローガン「困った人にやさしい政治」と瓜二つだ。

もう一度、整理したい。本来CDUは、資本主義の下での自由競争を優先してきた政党だ。個人がそれぞれの能力を発揮し、自由に経済活動をすることで、豊かで民主的な社会を作るという思想は、もちろんリベラルのFDPの考えとも共通するところである。あえてその差を言うなら、CDUはドイツ国家を率いる主に大企業の利益を、そしてFDPはドイツを底辺から支える中堅企業や自営業者の利益を代表していた。どちらも国家の牽引力である。それに対して、本来、SPDや左派党は労働者の味方を自認し、社会主義思想に則《のっと》った民主的で平等な社会を提唱していた。彼らにとって競争社会は悪しきものだった。

ところがCDU／CSUがFDPと連立を組んでいた過去4年間に、この地図が急速に塗り変わった。CDUが徐々に保守の立場から逸脱し、その思想は、FDPよりもSPDに近くなっていた。それがゆえ、選挙戦ではCDUとSPDのニアミスが生じた。そして、CDUとFDPの距離は自ずと広がっていった。

メルケルは、庶民、特に女性に優しい公約を打ち出した。たとえば、女性が家で子育てをした期間に応じて年金を増やすとか、子供手当を引き上げるとか、家賃を庶民の手の届くものにするなど。これが悪いと言っているわけではない。ただ、これらは今までCDUがあえて一番前面には出すことのなかったものだ。メルケルは、冷たいとか、子供のいない人には女性の気持ちはわからないなどと言われることを非常に嫌う。だから、これらの公約により、国民の生活に心を配る母性的なイメージをアピールしようとしたことは間違いない。

一方のSPDも負けじと、年金の支給年齢の引き下げ、最低賃金の一律法制化、家賃の値上げの制限など、同じく庶民に優しい公約を並べた。つまり、対峙するはずの両党の公約は妙に似ており、共に弱者に対する優しさに溢れていた。

両党が、あたかも自由資本主義にブレーキをかけるようなこういう公約を打ち出した背景には、ちょうどこの頃、EUでもドイツでも、弱肉強食が進行しつつあるという事情があった。EUの方はもちろんユーロ危機で、ギリシャや南欧の国々の窮迫と、ドイツの経済支配の対比が鮮やかだった。しかし、ドイツ国内でも、経済が急激に上向いてくるにつれ、やはり貧富の格差が問題とされ始めた。だからこそ、国民が大資本に搾取されていると思い込まないよう、政治家たちは「平等」や「優しさ」を強調する必要があった。

何もしなくても世界のお金が集まる

ドイツの景気回復の理由はいくつかある。まず、EUの東方拡大によって、東欧の労働者が、国境を接しているドイツに大量に流入したこと。東欧は、共産主義時代の名残で教育制度が整っており、労働者の質の良さは、アラブやアフリカとは比べものにならなかった。しかも、ドイツとは大きな経済格差があるため、賃金は安くて済む。その結果、これら良質で安価な労働者が、ドイツの賃金を全体として下げ止まりにし、労働条件を圧迫した。そして、皮肉にも、それがドイツ企業に巨大なメリットをもたらした。

もう一つの大きな要素は、中国との交易の爆発的な増加。これについては後章で詳述するが、自動車メーカーを筆頭に、ありとあらゆる業種が競うように中国に進出し、急激な右肩上がりの利益に我を忘れていた。

また、さらにこの頃、シュレーダー前首相の遺産とも言える産業構造改革「アゲンダ2010」が、ようやくその効果をフルに発揮し始めたということもある。すでに臨時採用やパート雇用における縛りはなく、雇用主は有利な条件で労働力を調達し、必要なくなれば、容易に解雇できるようになっていた。そのおかげで、景気が上向いた途端、ドイツの雇用は即座に活性化し、産業が唸るように回り始めた。

ＥＵで人口が一番多く、もともと生産性の高かったドイツが、統一後の長い停滞から、ようやく息を吹き返そうとしていた。こうなると、その後は早かった。ＥＵ内でドイツに太刀打ちできる国は次第に姿を消し、ＥＵ内での貿易格差がどんどん広がっていった。

さらにドイツに決定的なメリットをもたらしたのが、ＥＵの共通通貨ユーロの存在だった。２０１０年に始まったユーロ危機は、実は、まったく解決していなかった。ギリシャはもちろん、イタリアやフランスやスペインの国債は、誰もが敬遠するところとなり、そのため、それらの国では資金調達がさらに難しくなるという悪循環が定着していた。一方、安心を求める人たちは、利息ゼロでもドイツの国債を買った。つまり、何もしなくても世界のお金はドイツに集まってきた。この現象によってドイツが節約できた利息の額は膨大で、国家の歳出の内訳は国民の知らない間に変化していた。

弱者に焦点を当てた「仲良し政治」

国内で利益がどのように分配されるのかをさておけば、ドイツが豊かさを増しているのは確実で、それは国民にとっては喜ばしいことだった。だから、CDUはこの安定感のようなものを、自分たちのこれまでの政治の成果として存分にアピールすることができた。そして、この時に作られたメルケルの「国母」のイメージは、その後も国民の支持を失わないための重要な武器となった。

選挙結果は、CDUが前回に比べて7・7%ポイント増の大勝利で、得票率は41・5%に達した。それに比してSPDは25・7%に留まり、失望が広がった。それでも、第3次メルケル政権で、SPDがCDU／CSUと連立して与党に入ったのは、これまでの連立相手FDPが墜落してしまったからだ。

FDPは、前回の得票14・6%を4・8%と壊滅的に減らし、国会での議席もすべて失った。ドイツでは、最低5%の得票率をクリアできなければ、政党として議会で議席を持つことができない。慌ただしく議員会館から荷物を搬出するFDPの様子を、メディアが少しからかうように報道した。こうして、第3次メルケル政権が成立した時、ドイツの国会からは保守リベラルというべき経済政策を推す党が、事実上、消滅していた。野党は緑の党と左派党で、両方ともかなりの左翼だった。

これに慌てたのは産業界だ。CDU／CSUとSPDの提唱していた、競争の少ない、弱者に焦点を当てた「仲良し政治」が本当に実行されたら、経済は間違いなく停滞してしまう。「まさか、ＣＤＵがそんな判で押したようなことはしないだろう」と期待を込めつつ、彼らは固唾《かたず》を飲んで、新政権のお披露目を待った。しかし、実業家たちの期待はまもなく裏切られることになる。

共同施政方針は、驚くほどＳＰＤの色に染まっていた。そこには、子育てをした女性への年金給付、年金支給年齢の引き下げ、法定最低賃金の一律設定、パートの労働条件の向上、役員職の女性の割り当て制、下請け業者の保護、家賃の値上げの制限などがすべて組み込まれており、国民は喜んだ。しかも、それらを実施するために重要な省、つまり、外務省、法務省、財務省、労働・社会省、家庭省、環境相が、ことごとくＳＰＤの手に落ちていた。得票率25％のＳＰＤにしてみれば、絶大な成果であった。

まもなくＳＰＤの労相アンドレア・ナーレスは「1000万の労働者のため」と言って、破格の大盤振る舞いの年金プランを発表した。ただ、これは財源が明らかではなく、負担は次世代に持ち越される可能性があったが、ＦＤＰが欠けた議会で、それを真剣に追及しようとする政党は、もうなかった。

ＳＰＤ化するドイツ社会

ただ、違う問題もあった。大盤振る舞いの政策を打ち出したドイツが、いかにしてＥＵと折り合いをつけるかである。この大掛かりな財政出動と、デフォルトの危機に陥っていた南欧諸国に対して厳しい金融の引き締めを要求していたドイツの方針が、齟齬をきたしたからだ。案の定、金融引き締めを融資の条件として突きつけられていた国々で不満の声が上がった。しかし、ドイツ国民にしてみれば、何をか言わんやである。自分たちで稼いだお金をどう使おうが勝手という空気が強かった。

こうしてドイツでは果敢に、労働者寄りの政策が推し進められた。２００５年の選挙戦のとき、アゲンダ２０１０に負けじとばかり産業構造改革の必要性を説いていたＣＤＵは、すでになかった。それを見たシュレーダーは、「重要な案件を通すときは、再選されないリスクがある。メルケル氏にはそのリスクを引き受ける覚悟がない」と、構造改革を捨てたメルケルを名指しで非難した。しかしメルケルにとって、それはすでに負け犬の遠吠えに過ぎなかった。

それどころか肝心のＳＰＤさえも、自分たちが票を取れなくなったのはアゲンダ２０１０のせいだと思っていた節がある。「労働者の党が、一時的とはいえ、労働者の利益に反することを覚悟で、産業の強化を図ろうとしたのが悪かった……」。この思いは、その後もずっとＳＰＤのトラウマとなった。つまり、その後、彼らは票を取り戻すために、徐々にアゲンダ２０１０を解体していくのである。シュレーダーは今やＳＰＤの異端で、党にとっては、扱いに困る有名人だった。

ただ、SPDの誤算は、彼らが切り札として出した様々な政策に、メルケルのCDUがあっさりと乗ってきたことだ。だから、国民が一連の政策を歓迎すればするほど、それはSPDではなくCDUの手柄となった。そうするうちにSPDはさらに影が薄くなり、最後には見えなくなってしまった。こうしてドイツ社会はゆっくりと左旋回していったが、それが巧みにCDU政権下で行われたため、国民は方向転換にほとんど気付かなかった。

「初心」に戻ったメルケル

もともとドイツでは、社会主義思想に融和的な空気が強い。ロシア革命の際、レーニンの目指した世界革命は、ポーランドやハンガリーでは反発を呼んだが、ドイツでは、理想的な新世界の実現を期待していた人たち、特にインテリを惹きつけた。

第2次世界大戦後でさえ、ドイツはソ連とともに共産主義の道を歩むか、あるいは、西側の自由主義体制に組み込まれるか、長いあいだ定かではなかった。そして、これが結局、東西二つのドイツという、あまり理想的でない解決法に繋がるのだが、その後、東ドイツが、いかに優秀なロシアの弟分となったかは、すでに第4章で見た通りだ。今でもドイツ人のDNAには、平等や団結や自然回帰といった思想が根強くあり、それらが実現される社会に帰属したいという欲求は、機会があれば浮上してくる。

つまり、２０１３年がそうだった。ＳＰＤは、自分たちが生んだ異端児シュレーダーに背を向け、初心に戻っていた。そして、これこそがドイツにとって運命的なことなのだが、実は、ドイツ首相であるメルケルも、やはり静かに「初心」に戻りつつあった。さらに、ちょうどこの頃、ドイツ国民も物質文明のギスギスした競争社会に疲れはじめていた。つまり、奇しくも機は熟していたのである。

だからこそメルケル政権が、自由よりも平等や自然を重視する素朴な社会を提唱したとき、皆がほっとした。そればかりかメルケルは、国民にはもっと潤沢な社会保障を受ける権利があるのだと示唆した。国民がこのアピールに魅せられたのは当然だった。癒しの選挙の後には、なんとなく、この人に任せておけば大丈夫というような雰囲気が出来上がった。

新たな保守党の誕生は必然だった

ただ、この静かな方向転換は、ＣＤＵに、経済のダイナミックな発展を基軸にした従来の保守政治の継続を期待していた人たちにとっては由々しき問題だった。彼らはすでに、ドイツ政治における保守の位置が空席になりつつあることに気づいていた。しかも、その穴が次第に大きくなっていることに焦燥感を募らせた。これを埋める新たな保守党が出てくることは、いわば必然だったと言える。

２０１２年、ＡｆＤが結成された。もっとも、この政党の誕生の由来を見ると、発足の理由は必ずしも保守の穴を埋めるためではない。ドイツ政府の行った経済政策、特にユーロ危機における対応に対する抗議が、結党の発端だ。しかし、ＡｆＤは紆余曲折を経て、ドイツ唯一の真の保守党に成長していく。そして、その途端、他の全政党が団結し、ＡｆＤを引きずり下ろしにかかり、さらに、それを大手メディアが力の限りサポートした。ＡｆＤ攻撃は、必ずしもフェアだとは言い難い。それについては後述したい。

ギリシャの総選挙でまさかのどんでん返し

２０１５年はドイツの、いや、ＥＵの運命の年となる。

まず、この年、なおも通奏低音のようにＥＵに流れていたのがユーロ危機の不安。２００９〜10年に発覚したギリシャの経済破綻に誘発されたそれが、いよいよ二進《にっち》も三進《さっち》も行かなくなっていた。

２０１５年１月には、ギリシャの総選挙でまさかのどんでん返しが起こり、混乱は佳境に突入する。「ギリシャ人の給与を金融危機以前の水準に戻す」「解雇された公務員を再雇用する」「民営を公営に戻す」「ＥＵとＩＭＦからの借金は踏み倒す」などという公約を掲げていた急進左派連合のチプラスが当選し、政権を握ったのだ。メルケルは目を剝《む》いた。これにより、ユーロ危機は新しいステージに突入し、EUの存在自体が脅かされ始めた。

実は、ユーロ危機の根は深い。1981年、ほとんど条件を満たしていなかったにもかかわらずEC（EUの前身）に加わり、2001年、まるで条件を満たしていなかったのにもかかわらずユーロ国になったギリシャだが、なぜ、こんなことが起こったのか？　単に誤った政治決定というには、それがもたらした結果が重篤すぎた。しかし一方で、その破綻が発覚するまでに、数知れぬ外国の金融機関がギリシャにお金を貸し付けて大儲けしていた。その中には、もちろんドイツの銀行も入っていた。つまり、15年、スネに傷持つ面々がギリシャの放漫経営を叱責し、自らのモラルの欠如を隠しながら、どうにかして破綻を免れようとしているというのが、この金融危機の正体だった。

一番憎まれる政治家に

その後、EU、IMF（国際通貨基金）、ECB（欧州中央銀行）の監視下に置かれたギリシャは、多大な援助を受けながら経済の立て直しに励んだ。EUが拠出した援助金のうちで最大額を負担していたドイツがギリシャ救済を仕切り、援助の見返りとしてギリシャにさらに厳しい緊縮財政を課した。そうでもしなければメルケルは自国民に、巨額の負担やリスクを納得させられないという事情もあった。いずれにしても、ＥＵ、ＩＭＦ、ＥＣＢの強いた緊縮財政により、お金の回らなくなっていたギリシャはさらに窮乏し、年金も医療保険制度も崩れ、屈辱と欲求不満が国全体を覆った。あれほど陽気な国で自殺者が増えた。２０１４年には、メルケルはギリシャで一番憎まれている政治家となった。

ユーロを救済した立役者

２０１５年６月30日は、ギリシャがＩＭＦに借りていた16億ユーロの返済期限だった。しかし、ギリシャにそんなお金はなく、デフォルトを回避するために借り換えが必要なことは明白だった。そのためＥＵ側は借り換えを許す条件として、新たな財政再建プランの提出を求めたが、新進チプラス首相の出してきたものは、ＥＵの面々を卒倒させる内容だった。

ギリシャに怖いものはなかった。金目のものはすでに外国資本の手に落ちている。最大の港湾施設は中国のものだったし、利益の上がると見込まれた14の空港はドイツが買った。インフラ設備さえ外国資本の手に渡っていた。

結局、ギリシャのデフォルトを一番恐れているのはＥＵだった。様々な銀行が未だにギリシャの危ない債権を抱えており、ギリシャが破綻すれば、金融危機が野火のようにＥＵ全体、いや、世界全体に広がる可能性があった。つまり、「お金を握っている人たちの都合」

によれば、ギリシャをデフォルトさせるわけにはいかなかった。

何度も開かれた夜を徹したハードな会議では、くたびれきった首脳の中、溌剌としているのは若々しいギリシャチームだけという異常な風景が常態となった。そのうちチプラスは国民投票をすると言い出し、結局、支払い期限の6月30日は無視された。困ったEU側は、デフォルトをうやむやにした。EUの首脳は、それが何のための国民投票かさえも分かっていなかった。しかし、7月5日、本当に国民投票が行われ、その結果、チプラスが国民の大きな支持を得たのを、皆がなす術もなく眺めていた。

それから5年、ギリシャは今もユーロ圏の一員として生き延びている。ただ、チプラスは消え、今、ギリシャには、ちゃんとドイツの言うことを聞く政権が、今なお金融引き締めに励んでいる。ギリシャのドイツ憎悪はもちろん消えない。しかし、メルケルの功績は定着した。難しいギリシャ問題を手がけ、ユーロを救済した立役者としての功績である。

「我々はやれる！」

同年9月、中東からドイツに怒濤のように押し寄せた難民の写真が世界を駆け巡った。メルケルが国民に向かって「我々はやれる！」と発信。その鶴の一声で、ハンガリーで行き場を失っていたシリア難民がドイツに流れ込んだ。

何十年か後に歴史を振り返った時、２０１５年は、ヨーロッパ政治の転換の年として記憶されることになるはずだ。そして、万が一、将来、ＥＵが壊れるとするなら、私は、この時のメルケルの一言が原因なのではないかと思っている。

ＥＵでは、難民問題はすでに２０１０年ごろから深刻になっていた。それが爆発的に増え始めたのは12年、シリアの内乱勃発後だ。難民というのは、入国して来た者が皆、なれるわけではない。本来なら、難民申請をし、審査を受け、難民資格を得て初めて難民となる。また、ＥＵにはダブリン協定があり、ＥＵでの難民申請者は、まず最初に足をつけた国で申請をし、そこから勝手に他のＥＵ国に移動してはいけないということも決められている。実はこの規則のせいで、ＥＵの海の玄関であるイタリアやギリシャ、あるいは陸の玄関になっていたハンガリーに、大勢の難民希望者が溢れてしまっていたのである。

ありとあらゆるところから難民が

ところが、メルケルの「我々はやれる！」を、難民たちは歓迎のサインと見た。彼らの反応はいかにも素早く、すでにＥＵに入っていた難民たちや、アフリカや中東でＥＵに渡る機会を窺っていた難民の予備軍が、続々とドイツに向かい始めた。つまり、本来なら、ＥＵに入ることも、また、ＥＵ内を自由に移動することもできないはずの人たちが、ありとあらゆるところから、ドイツを目指した。こうして、ダブリン協定はあっけなく反故になった。

これにより、この年の終わりまでに、公称89万人（実際は110万人？）の難民がドイツ国内に入った。あまりの人数に国境での審査は機能せず、誰が、何人入って、どこにいるかが摑めなくなった。もちろん、難民を割り当てられた全国の自治体も大混乱に陥った。

「EUの静かな崩壊」

混乱したのはドイツだけではなかった。ドイツに入った難民が自国に流れてくることを案じた多くのEU国が、国境を監視し始めた。こうして、EUの肝であったシェンゲン協定（国境検査をせず、往来を自由にする協定）が緊急に停止された。あちこちの国境で、絶望的な渋滞が起こり、EUの理念「ヨーロッパは一つ」は危機に陥った。

11月2日に国連のUNHCR（国連難民高等弁務官事務所）が発表したところによると、地中海経由でEUに入った難民の数は、10月だけで21万8000となり、前年1年分よりも多かった。英国の政治学者アンソニー・グリーズは、ドイツの公営ラジオのインタビューに答えて、「目下のところ英国内では、ドイツ人は理性を失ったという印象が支配的だ」と語った。当時の英首相キャメロンは、「イギリス人にだってハートはある。しかし、行動するには頭脳も使わなければならない」と引導を渡し、オーストリアのファイマン首相はこの状況を、「EUの静かな崩壊」と呼んだ。難民という爆弾はユーロ危機よりも遥かに大きく、EUを空中分解させた。EUの塀の内側で機能するように設計された多くの仕組みが、その塀に難民が穴を開けることによってあっけなく崩れた。イギリス人にEU離脱を決心させた要因の一つとして、ドイツが入れた難民の存在は大きかったと思う。

絶対にわかっていたはず

一方、ドイツ国民はこの頃、異常に高揚していた。ハンガリーからの難民が列車で到着するミュンヘン駅には、「I love refugees!」などと書いたプラカードを掲げた市民が殺到し、難民を歓待した。市民が拍手をしているその前を、小綺麗な服装の難民たちが、Vサインをしたり、携帯で写真を撮ったりしながら通り過ぎていった。メディアがこの映像を何度も流し、人道的なドイツ人を賛美した。

もちろん、何か変だと思っているドイツ人はいた。このままではテロリストが流れ込むと警告を発した人たちもいた。しかし、少しでも難民の流れにブレーキを掛けようとした人たちには、たちまち反人道のレッテルが貼られた。ドイツとEUの難民については、拙著『移民 難民』（グッドブックス）で詳しく考察しているので、詳細は同書に譲りたい。いずれにしても、ドイツではこの頃から、自由な発言が難しくなったと、私は感じている。

ただ、わからないのは、なぜメルケルはこのような決断をしたのかということだ。牧師の娘だからシリア難民の惨状を見ていられなかったのだという意見もいまだに根強いが、これまでの彼女の政治を見る限り、メルケルと「情に絆《ほだ》されて」という言葉とは、無縁であるとしか思えない。頭脳明晰のメルケルのこと、あの状態で国境を開けばどうなるか、絶対にわかっていたはずだ。

一人で決めたのは、事前に誰かと打ち合わせをすれば、必ず反対されることがわかっていたからだろう。だからこそ、議会も通さず、閣議で討議することすら避けた。そして、結局、ダブリン協定もシェンゲン協定も無視して難民を入れ、しかも、その後も長らく、入国する難民の数を制限すべきだという四方八方からの進言を、断固拒否し続けた。なぜ？

ここで私の頭の中には、脱原発決定のシーンが蘇ってくる。あれもメルケルのスタンドプレーだった。緑の党が、鬼の首を取ったように原発の恐ろしさを宣伝した。そんな中、メルケルは〝国民の安全を守るため〟の危急の決断として脱原発を推し進めた。ＳＰＤと緑の党が40年掛かって進めていた脱原発を、メルケルの鶴の一声があっさりと前進させた。メルケルが隠れ脱原発派だったと私が考えていることは、すでに記した。

そして難民は？　これも危急の事態とされた。人の命が掛かっている！　助けなくてはならない！　ホロコーストのトラウマを持つドイツ国民は、人道的でありたいという欲求の人一倍強い人たちだから、国民は両手を上げて賛成するだろう。このメルケルの決断にリスクはなかった。シュレーダーのアゲンダ２０１０のまさに対極である。

以前から難民をすべて受け入れるべきだと言い続けていたのは、やはり緑の党だった。ＳＰＤも、もちろん難民受け入れ派である。メルケルも、実は心の底では難民受け入れ派だったのだろう。じっと待っていた「その時」をメルケルは逃さなかった。

グローバルに商売が展開できる

ただ、難民受け入れも、脱原発と同じく、すぐにうまくいかなくなった。人々の熱狂は覚め、問題だけが残った。その年の大晦日、ケルン中央駅前の広場で１０００人以上の若い男性が暴徒と化し、集団婦女暴行事件が起こったとき、ようやくドイツ人は気がついた。自分たちは可哀想な難民とともに、とんでもない人たちをも招き入れてしまったということを。しかし、メディアはそれを認めたくなかったのか、婦女暴行の報道は数日も遅れた。しかも、その男性たちが「難民」ではなく、「アラブ、もしくは北アフリカ風の風貌で、ドイツ語を介さない男性たち」と書かれていたことが、国民の怒りを買った。

その後、ヨーロッパ各地で次々とイスラムの無差別テロが起こった。難民にテロリストたちが混じるという予想はすでに現実となっていた。11月にパリで１３０人が殺されたのを皮切りに、16年3月にはブリュッセルで38人が死亡、同年7月にはニースで85人死亡、12月にはベルリンで12人死亡と、悲惨なリストはその後もどんどん更新されていく。全ての犯人が2015年以降に入った難民ではなかったにせよ、EUでは不安が膨らんだ。

流石にその頃になると、ドイツも様々な手立てで難民の数を抑えにかかり、受け入れ数は急激に減っていった。しかし、公式に受け入れ難民の数に制限をつけることだけは、メルケルは今でも認めていない。なぜ？　難民はメルケルにとって、いったいどんな意味を持っているのだろう。それは、誰が難民の受け入れに賛成し、誰が反対したかを見ていけば、自ずと明らかになる。

まず、経済界は難民を安価な労働力と見たため、難民の導入には反対しなかった。中東難民が怒濤のように流れ込んでいた最中、ダイムラー社のCEOがイの一番で、「難民は我が社で雇用したい」と名乗りを挙げていたほどだ。企業は優秀な難民だけピックアップして雇用すれば良いだけの話で、その他の難民の面倒には税金が注ぎ込まれるのだから、反対する理由はもちろんない。つまり、メルケルは、安価な労働力を求める経済界が自分の背中を押してくれることを知っていた。

左翼思想を資本家の利益に絡ませた

さらに難民導入で大きく進むのは多文化共生である。これはグローバリズムとも言い換えられるが、それを強力に推進してきたのが緑の党やＳＰＤといった左派勢力だ。これが進むと、各国のアイデンティティや伝統は次第に薄まり、国境や国家という観念が崩れていく。行き着く先は、「ヨーロッパは一つ」どころか、「世界は一つ」。最終的にこの思想は、「万国の労働者よ、団結せよ！」という共産主義の原点と微妙に重なる気がする。

実際、緑の党はニューレフトの流れを汲むかなりの左翼であるし、ＳＰＤの元は、マルクス主義を起点とした労働者運動だ。一方、子供の頃から社会主義思想に包まれて育ったメルケルが、心の中に「世界は一つ」の理想を持っていても、さして不自然ではないだろう。メルケルの難民受け入れの根底には、この理想の存在が色濃いと感じる。

ところが、メルケルの凄いところは、こういう左翼思想を、資本家の利益に絡ませたことだ。巨大資本にとっての「世界は一つ」は、すなわち、各国の法律に縛られず、グローバルに商売が展開できるということを意味する。つまりメルケルは、多文化共生を掲げる左派と、制限なき自由市場を求める資本家という、いわば二種類のグローバリストたちの両方から支持される政策を、瞬間的に、しかも正確に見抜いた。そして、それを難民受け入れという形で実行すれば、人道的だと称賛されることも想定済みだった。こうして、誰も反対できない政策が出来上がったのである。

自動車産業叩きの始まり

ただ、前述のように、この計画が、すべてうまくいったわけではない。難民は、なかなか経済界が期待していたような労働力にはならず、その代わりにまもなく、難民による治安悪化、経済負担などが深刻な社会問題となった。しかし、なぜかメルケルの地位だけは安泰だった。国民は、うまくいっていない事実は知っていても、それは現場のやり方が稚拙なのであって、メルケルの決断の方向性は正しかったと信じていた。そして、自分たちもその人道路線から離れるべきではないと考えた。

2015年の9月、折しも難民の嵐が吹き荒れていたその頃、さらにもう一つ、大きな事件が勃発し、こちらはドイツ人の誇りを吹き飛ばした。フォルクスワーゲンの不正ソフト問題だ。しかも、この不名誉な事件は瞬くうちに他のメーカーに飛び火し、それが合図であったかのように、突然、政府の異常な自動車産業叩きの火蓋が切って落とされた。

特に、2013年から18年まで環境相を務めたバーバラ・ヘンドリックス（SPD）は生粋の社会主義者であり、自動車産業を、環境を汚すという理由と、巨大資本であるという理由で、まさに親の敵のように攻めたてた。彼女にとって、それらはどちらも悪しきことで、許せなかったのだろう。

いずれにしても、この頃からドイツ政府は明らかに、おそらく何らかの意図を持って、彼らの産業構造改革を開始した。そして、まもなく、自由市場に積極的に干渉することさえ躊躇しなくなる。その様子は後章に譲りたい。

中国共産党との蜜月

また、ドイツ政府と中国共産党との蜜月ぶりが、かつてないほど深まっていったのもこの頃だ。独中の交易は2000年ごろから次第に伸び始めたが、00年に66万台だった乗用車の中国向け輸出が、17年には2495万台となっていた。しかも、中国市場はどの分野においても、まだまだ飽和状態には程遠い。ドイツの経済界が、地平線まで見通せるほどの広大な市場に圧倒され、中国との商売に目の色を変えるのは無理もなかった。

そして、あたかもそれに伴走するように、両国の政治家の交流もどんどん盛んになった。2011年には二国間政府サミットの協定が結ばれ、以来、首脳、閣僚の会談、あるいは官僚レベルの様々な協議が、頻繁に行われた。

一方で、次第に中国に対する警戒心も芽生え始めた。特に2016年夏、ドイツのロボット製造の最先端企業KUKAが、中国の美的集団に買収されたことはかなりの衝撃となり、国益に反する買収は阻止すべきだという意見が強まった。しかし実際には、ドイツと中国の交易、および投資はさらに深化している。ちなみに、今ではドイツ銀行の筆頭株主は中国企業だし、ダイムラー社の株も、約15％を中国勢が握っている。

ドイツ人と中国人は、別に無理して付き合っている風でもなく、日本人にはわからない相性の良さがある。しかも、似ている。どちらも非常に優秀で、しかもお金儲けがうまい。また、現実主義でありながら、美しい理念を掲げるのも大好きだ。ドイツ人が、米中どちらにシンパシーを感じるかといえば、本心は中国ではなかろうか。

２０１７年1月には、ドナルド・トランプがアメリカ大統領に就任した。メルケルは最初からトランプを敵視し、就任の際、「アメリカが民主主義の原則を守るなら付き合っても良い」という意味合いの、失礼極まりない「祝辞」を送った。中国に民主主義を求めるなら話はわかるのだが、そちらはいつも手加減され、せいぜいアリバイ程度だ。

ヒステリックにトランプを非難

トランプは就任した年の6月1日に、２０１５年のＣＯＰで決まっていたパリ協定からの離脱を表明した。パリ協定とは、はるか昔にメルケルの尽力でまとまった京都議定書の後続協定だ。各国がそれぞれ温暖化効果ガスの削減目標を決めて、その達成のために努力することを決めているが、拘束力はない。拘束力があれば、世界の１９０ヶ国もが参加するはずがない。

パリ協定には矛盾が多い。ここで詳しくは触れないが、本当に地球の温度を2度も下げるつもりでやるなら、世界のお金の流れが変わるほどの多大な投資が先進諸国で生じるが、それで本当に地球の温度が下がる保証はもちろんない。そこでトランプは、一番多くの拠出金を出している米国の大統領として、さほど環境の役に立ちそうにもないこのような協定からは抜けると宣言したのである。

すると、その途端、トランプ嫌いのドイツ国民は、あたかもトランプが地球の温度を上げるかのように騒ぎ始めた。その日の夜の公営第一テレビのニュースは、全放送の半分の時間を割いて、ヒステリックなトーンでトランプを非難した。公営第2テレビはオンラインのニュースページに、『大統領vs.惑星』という大それたタイトルの記事を載せた。

「惑星の未来を守る」EUと中国

私が一番驚いたのは、その日、ベルリンで行われたメルケルと中国の首相・李克強の共同記者会見だった。

李克強いわく「我々は国際的な責任を担う」、「中独関係の安定は世界平和へのシグナル」。一方、メルケル首相は、「私たちは（神の）創造物を守るためにパリ協定を必要とする。（略）

この惑星の未来を大切だと思う人全員に私は言いたい。皆で一緒に歩もう。母なる大地を成功とともに守るために」。

各新聞社やテレビ局のオンラインページも、それをすぐさま活字にした。

「ＥＵと中国、パリ協定脱退の米を批判　温暖化対策での協力を確認」

「ＥＵと中国、気候変動対策で共同歩調」

「中国、ＥＵ温暖化対策主導」などなど。

この「ＥＵ」の中心には、もちろんドイツがいる。つまり、気付いたら、未だに褐炭を燃やしているドイツと、ＰＭ２・５を日本にまで飛ばしている中国が、いつのまにか地球の救世主になっていたのである。

「選ばれた国民」という妄想

２０１７年、第３次メルケル政権が終わろうとしていた時、ユーロ危機は何ら解決していなかった。それでも、リーマンショックから立ち直ったドイツ経済は、ＥＵの牽引力と称賛され、一方で中国市場への依存を強めていた。また、大風呂敷を広げたわりには、惑星の状況は相変わらずで、ドイツのエネルギー政策も袋小路に嵌《は》まっていた。

難民問題に至っては、今、世界のあちこちでさらに深刻さを増しているし、ドイツが引き受けた難民も統合には程遠い。ただ、難民がたくさん子どもを産んでくれたお陰でドイツの出生率は２０１７年より突然上がり、それが少子化解消に向かう良いニュースとして報じられた。

つまり、多くはうまくいっていないが、メルケルが責任を問われることはなく、人気も落ちない。いや、その反対で、ドイツはＥＵの覇者であり、２０１４年以来のプライマリーバランス・ゼロを内外に誇っていた。そしてメルケルは、ユーロ危機を救い、そして、難民を救ったとして祝福され、さらに、惑星を救う救世主にまで昇進しようとしていた。

この現象の陰では、メディアという応援団の存在が、大きな役割を果たしていた。

前述のシュラーマンは２０１７年上梓の自著を次の言葉で締めくくった。「我々は世界に善行を施すために選ばれた国民で、必要ならばスタンドプレーでもそれをやり遂げるべきという考えは、妄想である。この誤った考えが、我々の人生の指針になってはいけない」。

もちろん、これがメルケルに向けられた言葉であったことは言うまでもない。

第10章

微笑むメルケル

一瞬で保守を葬り去る

メルケルの難民政策を批判した新党

ＡｆＤは、ＥＵの共通通貨ユーロに反対する経済学者たちが２０１３年に結成した党だ。その後、方針の相違から内部抗争が頻発し、何度か分裂もし、党の創立者たちはすでに離脱しているが、支持者はコンスタントに増え続けた。最終的に落ち着いた政策は保守で、ドイツの伝統、および国益を重んじ、ＥＵに移譲し過ぎてしまった国家の主権を取り戻そうとするものだ。15年から急成長したのは、メルケルの難民政策を批判したことが、多くの国民の琴線に触れたからだった。これが、ＡｆＤを育てたのはメルケルだと言われる所以だ。

ただし、ＡｆＤのために少し弁明をするなら、彼らは「難民を入れるな」などと主張しているわけではない。難民受け入れは人道の見地で行なう。また、移民は秩序をもって、計画的に、数の上限なども決めて国の主導で入れるべきという意見だ。勝手に入ってくる人たちをすべて受け入れるというのは、国家のすることではない。

ＡｆＤのポテンシャルはたちまち既存政党にとっての脅威となった。特に、ドイツ唯一の保守陣営を自任してきたＣＤＵ／ＣＳＵにとって、ＡｆＤは「存在してはならない党」だ。さらにメディアの同調も凄まじく、ＡｆＤを叩くなら何でもありというところは、中国や韓国の「反日正義」を思い出させた。しかし、かえってそのせいで、ドイツがいつの間にか左傾してしまっており、それ以外の意見が通用しにくくなっているという事実が、はっきりと国民に認識されるようになった。

同性婚が可決

２０１７年６月30日は、ドイツの長い夏休みの前の、最後の国会召集日だった。この時ほど、いろいろな意味で象徴的だった国会審議も珍しい。昨今のドイツの複合的な政治状況が余すところなく示されたように感じる。

まず、同性婚の合法化が可決された。ドイツでは、すでに２００１年、パートナーシップ制度というのが先行施行されており、同性カップルがその旨を役所に届け出れば、男女の婚姻とほぼ同じ権利が認められていた。しかし同性婚を完全に合法化しようとする人たちは、どれほど法的権利が似通っていようが、これは差別であり、基本法で保障されているはずの人権が蹂躙されていると主張していた。

ドイツで同性婚の完全合法化を強く主張してきたのは、言うまでもなく、社民党（SPD）、緑の党、左派党など、左派政党だが、その傾向は何もドイツに限ったことではない。EUの14ヶ国では、すでに同性婚は合法だ。カトリック信者の多いスペインやフランスがその中に入っているのは、一見、不思議な気がするが、それが決まったのが、ちょうど左派の政党が政権に就いていたときだったと知ると納得できる。フランスも２０１３年、社会党のオランド政権が公約実行のために無理やり議会を通した。そのため一時、国を二分するほどの大騒動となった。

「良心に基づく決断」

ドイツがパートナー制度を導入した２００１年も、やはりＳＰＤと緑の党の連立政権だった。ただ、そのあと05年からはずっとＣＤＵ／ＣＳＵという、頭に「キリスト教」を冠した政党が政権を握っていたため、合法化にまでは進まなかった。結婚とは社会の基盤であり、何百年も続いてきた根源的な社会秩序である。それを崩せば、従来の家族制度の意味は希薄になり、いずれ伝統的な社会構造が破壊していくというのが、保守派の考えだった。その上、基本法は「夫婦」を特別に保護している。しかも、成人男性の性的関係は今も刑法で禁じられている。つまり、同性婚を合法にするなら、基本法から変えていく必要がある。

ただ、ここ10年ほど、ＳＰＤと緑の党の同性婚に対する執着は凄まじく、それどころか、絶対に勝ち取らなければならない神聖な目標の一つと化してしまっていたといっても過言ではない。ＳＰＤは、次の総選挙後は、ＣＤＵが同性婚合法化に踏み切らない限り連立はしないと脅しまでかけた。メディアも、すでに国民の過半数が同性婚に賛成だと煽った。

ただ、第3次メルケル政権が終わろうとしていたこのころ、同性婚の問題が国民の間でそれほど重要なテーマになっているようには見えず、左派の政治家たちとのあいだの温度差は顕著だった。また、CDUも熱心に取り組んでいる様子はなく、このまま同性婚の話は先延ばしされるものと、皆が漠然と思っていた。

ところが、変化は突然やってきた。それも、今、思えば、いかにもメルケルらしいやり方で。

6月26日、『ブリギッテ』という女性雑誌のイベントに招かれたメルケルは、トークショーのステージで、この問題は「良心に基づく決断」として扱いたいと表明したのだった。「良心に基づく決断」というのは、党の政治的方針とは離れて、議員個人が一人の人間として、個々の良心に基づいて賛否を決めるということだ。ごく稀にではあるが、安楽死など人間の生死に関する問題、あるいは、出生前の受精卵の遺伝子検査を許可するかどうかといった、いわゆる倫理に触れる問題について採決するとき、ドイツの議会では党の縛りを外したこの方法がとられる。その場合は、記名投票となる。

保守の拠り所を葬り去る

ただ、ここでメルケルの言葉には齟齬《そご》が生じた。そもそもCDUが同性婚の合法化に反対していた理由は前述の通り、法律上の問題と、社会的基盤の問題であり、倫理の話ではなかった。その上、もし、同性婚が「良心に基づく決断」として採決されるならば、法案は間違いなく議会を通過することはわかっていた。なぜかといえば、保守派の中にも、同性婚に賛成している議員がかなりいたからだ。

そのため、メルケルのこの発言は同性婚合法化へのゴーサインと受け取られた。そして、実際そうだった。メルケルはまたもや、おそらく誰とも相談せず、女性誌のインタビューという非公式の場で、会場に集ったファンを証人に、それも、スモールトークのように軽く、重要なサインを出した。そして、一瞬のうちに、しかし永遠に、保守の拠り所を葬り去ったのである。

これを知ったSPD、緑の党、左派党の行動は素早かった。残り4日で国会は終わる。その前にぜひとも採決に持ち込まなくてはならない。そのため、夏休み前の最後の国会審議に、この議題が無理やり押し込まれた。メルケルは素知らぬ顔をしていたが、これまで彼女とともに伝統を守ってきたつもりの議員たちは、あっけなく梯子を外されたのだった。

6月30日、国会はいつもより1時間早く、朝8時に開会した。会議場はすでに異様な熱気に包まれ、議員の出席率は抜群で、傍聴席には報道陣と聴衆が詰め掛けた。とりわけ中高年の同性カップルの姿が目立った。採決は、12人の議員が3分ずつ大急ぎで意見表明を行ったあとに行われた。

結果は、賛成が393名、反対が226名、棄権（白票）が4名で、同性婚の合法化が可決された。メルケルの一言で決まったと言える。しかし、メルケル自身は、反対票を投じていた。自分は保守の意見を変えたわけではないというアリバイのようだった。こうしてメルケルは、脱原発、難民受け入れに続き、またもや超法規的決定で、それまでの政策を覆した。ちょうどこの日に引退したCDUの古参議員シュタインバッハは、これを「首相民主主義」と皮肉った。彼女の言いたかったのは、おそらく「首相独裁主義」ではなかったか。

AfD対策としてのネットワーク執行法

この日の国会審議は、もちろんまだまだ続いた。同性婚の合法化と同じぐらい、今のドイツの状況を端的に表していると思われるのが、このあと討議されたNetzwerkdurchsetzungsgesetz（ネットワーク執行法）という法案だ。SPDのマース法相（当時）が熱心に進めていたもので、言論の自由を守るための法律という触れ込みだった。つまり、マースによれば、200万人以上のドイツのIPアドレスの利用者を持つSNS各社、つまり、フェイスブックや、ツイッターや、ユーチューブなどは、苦情に対応する部署をドイツ国内に作ることが義務付けられ、不適当な書き込みについての通報があれば、24時間以内に違法か否かを決定しなければならない。そして、違法なものはただちに削除。それ以外のものも検討し、違法と思われれば7日以内に削除。さらに、違法な書き込みをした個人には最高500万ユーロ（約6億円）、運営しているSNS企業には、最高5000万ユーロ（約60億円）の罰金を科す。

ただ、この法案には反対者が多すぎた。「これは言論の自由の抑圧だ」「書き込みが合法か否かを決めるは民間会社ではなく、司法の管轄だ」など。その上、これは9月の総選挙への備えではないかと多くの人が思った。ズバリ、AfD対策である。しかし、この法案も9月5日、夏休みが終わった最初の国会で、予定通り可決されてしまった。

もっとも、これに関してはその後も非難は鳴り止まず、2020年、政府は補正のつもりで、SNS企業が不当な書き込みを削除するときには連邦刑事局に届けることを義務づけようとしたが、21年2月現在、この法案までが違憲であるとされ、宙に浮いている。

余談だが、2021年1月、米国でトランプ大統領のツイッターのアカウントが停止された時、メルケルはそれを、言論の自由を侵すとして非難した。確かにその通りだが、少々、片腹痛いと感じたのは私だけか？

どうもこの国は、おかしな方向に針が振れ始めているように思えてならない。

第11章

ヒューマニスト・メルケル

100年後の世界

1ヶ月で弾けた「シュルツ効果」

2017年9月24日に行われた総選挙は、CDUのメルケルとSPDのマーティン・シュルツが首相の座をめぐって争ったが、投票率は76%を超えた。あたかも、突然、国民が政治に目覚めたかのようだった。

ドイツの政界ではこの年のはじめ、不思議な現象が起こっていた。不人気のジグマー・ガブリエルからSPD党首の座を引き継いだシュルツが、突如として異常な人気を博したのだ。拳を振り上げ、怒鳴りまくるシュルツ・スタイルのスピーチは、日本人にとっては違和感がありすぎたが、ドイツ人は、スポーツでも政治でも攻撃的なタイプが好きなので、2月初旬の調査では、落ち目だったSPDがCDU/CSUを超え、党内は興奮に包まれた。それどころか、誰を首相にしたいかというアンケートでは、一瞬とはいえ、シュルツがメルケルを凌いで一位になった。この謎の現象は、シュルツ効果と呼ばれた。

ただ、シュルツ効果は、浮上したのと同じぐらい素早く、見事に1ヶ月で弾けた。そして、選挙までの残りの半年は、そうでなくても迷走中だったSPDが、「どうしよう?」「なぜ?」と茫然としている間に過ぎ去ってしまった。そして、選挙結果は予想通り、これまでで最低。一方のCDUも8・6%ポイントも得票率を下げ、満身創痍となった。

この選挙での一番の衝撃は、ＡｆＤの躍進だった。２０１３年にできたこの新党が12・6％を獲得し、老舗のＣＤＵ／ＣＳＵ、ＳＰＤに次いで第3党に躍り出た。ＣＤＵ／ＣＳＵは、32・9％。ＳＰＤに至っては20・5％にまで没落していた。かつて両党とも、一党で過半数に迫った時代があったことなど夢のようだ。

保守党のはずのＣＤＵが緑の党と連立

さて、この時の連立交渉が極めて興味深かった。ＳＰＤではシュルツが最初から、もうＣＤＵ／ＣＳＵとは連立しないと宣言し、党内で喝采を浴びた。つまり、今後4年間は下野して力を蓄え、次期政権を狙うということだ。ＳＰＤがここまで落ちぶれたのは、連立相手のＣＤＵがＳＰＤの政策をすべて実行してくれたため、用済みになってしまったからだということに、ようやく彼らも気づいたらしい。今こそ独立独歩でＳＰＤらしさを出し、再びＣＤＵの良きライバルとして復活すべきだと言う意見が大勢を占めた。もっとも、彼らがＣＤＵに対抗しようと思えば、今や保守になるか、極左になるかしか道は残されていなかったが。

そこでＣＤＵ／ＣＳＵは、緑の党とＦＤＰとの連立を目指した。ＡｆＤは極右で、左派党は極左というのがＣＤＵ／ＣＳＵの認識であるため、ＳＰＤと連立できなければ、要するにこの組み合わせしか残らない。

こうなると、有頂天は緑の党だ。政権に入れるなら、1998年のシュレーダー政権以来の快挙で、その張り切り方は尋常ではなかった。しかも彼らは、自分たちがメルケルに望まれていることをちゃんと知っていた。メルケルと緑の党が妙に相性が良いことについてはすでに触れた通りだ。

ただ、考えてみれば、左派のSPDならともかく、保守党であるはずのCDU／CSUが緑の党と連立すると言うのは、常識で考えれば、日本で自民党と共産党が連立するのと同じぐらい奇異な現象だ。緑の党がSPDよりもさらに左であることは間違いなく、テーマによっては原理主義的な動きを見せるため、時に危険でもある。ただ、実際問題として、メルケル政治が12年間続いた結果、これが奇異ではなくなるほど、CDUは変質してしまっていた。この年の6月、コール元首相は他界したが、この様変わりしたCDUを見ずに逝ったのは、ある意味、幸いなことだったかもしれない。

しかし、この連立交渉は難航した。まず、彼らは難民政策で大揉めに揉めた。緑の党は基本的に、来る難民は全員受け入れるべきという考え方だ。一方、CSUは年間20万人という枠を作ることを主張した。そこで最終的に、枠は作るが、その枠は時々の状況によって伸びたり縮んだりできるものにするということで合意し、これを「呼吸するフレーム」と名付けた。何のことはない、両者がメンツを保てるよう、言葉のトリックで手を打ったのだった。

しかし、それに対し、ＦＤＰは最初から異を唱えていた。彼らは、政治的に迫害されてやってくる真の難民と、産業界の求める労働移民は、異なった基準を設けて、秩序だって受け入れるべきだと主張していた。ちなみに、これはＡｆＤの主張と同じだ。

破綻したドイツのエネルギー政策

環境問題も大きく食い違う。この頃、ドイツのCO_2の排出量は一向に減っておらず、このままでは京都議定書で定められた削減値を守れそうになかった。CO_2が減らない理由は、CO_2フリーの原発を減らし、その分を石炭・褐炭火力で賄っていたからだ。再エネは、設備容量は破格に増えていたものの、お天気次第なので電力の需要に合わせることができない。そこで、再エネの発電量が減って電気が足りない時は、火力発電所を急遽立ち上げて補った。これでは、CO_2は減るはずがなかった。

ドイツのエネルギー政策は、見かけと中身がまるで違う。見かけを繕うために、どんどん中身が破綻し、その辻褄を合わせるために、すでに信じられないほど膨大なお金が注ぎ込まれていた。

しかし、緑の党はそんな事情は無視し、20基の石炭火力を即刻止めるということを、政策に入れるよう主張した。電力供給が不安定になることも、産業界の打撃も、それどころか停電の危険さえも、一切お構いなしだった。そして、やはりＦＤＰがそれに反対した。

ＦＤＰはまず、自由主義の市場においては、政府の介入で特定の電源を止めたり、あるいは、補助金で優遇したりすることは、なるべく避けるべきだと主張した。すでに現在、政治的理由で再エネ電気が促進されているため、その補助に天文学的なお金がかかっており、しかも、それが国民の電気代の高騰を招いている。

また、２０２２年には原発が止まる予定で、この上、さらに火力まで急に減らせば、電気の供給が不安定になる。ドイツのエネルギー政策は、国家経済から考えて採算の合うものに根本からつくり直さなければならない（ＡｆＤも、ただの資本移転となっている再エネ買取制度の即刻停止と、CO_2削減のための原発の稼働延長を提唱している）。

そこでＦＤＰはどうにか減らせる量として、２０２０年までに3ギガワット、最高でも5ギガワットという数字を算出した。そして、ＣＤＵとＣＳＵがそれに同意した。ところが、緑の党が反対した。彼らの主張は8～10ギガワット（およそ、火力発電14基分）。そして、30年までにはすべての火力をなくす。

ＦＤＰの肝心な主張を報道せず

そこで何が起こったか？　連立交渉の破綻を恐れたメルケルが、妥協案として7ギガワッ

クリスティアン・リントナー FDP党首（写真提供：AFP＝時事）

トという案を出したのだ。その無責任な妥協案を、出来レースの如く、緑の党が受け入れた。すると、メディアがそれを、「緑の党が最大の痛みに耐えて妥協」と褒め上げた。これで、難関であったエネルギー政策が一件落着したかのように見えた。

ところが、ＦＤＰはノーと言った。このような、電力供給を不安定にし、産業を脆弱にし、しかも、石炭業界への補償など莫大なお金の掛かる妥協案を、国家は選択してはならないと、彼らは主張した。しかし不思議なことに、ＦＤＰの主張のその肝心な点が報道されなかった。その代わりに流されたのが、ＦＤＰ党首のリントナーが褐炭火力発電所を視察し、炭鉱労働者の拍手喝采を浴びている場面など。これでは、ＦＤＰは石炭業界のロビー政党にしか見えない。報道が偏向していると、私がはっきり感じた瞬間だった。

また、電気自動車に関しても同様だった。緑の党は、2030年からはガソリン車とディーゼル車の販売を禁止するよう主張していた。だから、ガソリン車とディーゼル車にはあらゆるハードルを仕掛ける。現在、ドイツ政府も基本的には同じ方針だ。

ただ、政府がいくらハッパをかけても、ドイツのメーカーはこれまで、CO_2削減はディーゼルでやろうとしてきたのだから、電気自動車の部門では完全に後れを取っている。このままでは、ドイツの基幹産業を弱体化させないために、さらに補助金を増やすしかない。つまりFDPは、この急激な電気自動車へのシフトについても懐疑的だった。まもなく原発を停止し、そのうえ火力電気もなくて、そもそも電気自動車を何で充電するのか？「緑の党がもう少し現実的な政策を思いつくことを願う」とリントナーは言った。

リントナーに対するメディアの大バッシング

しかし、肝心のメルケルはというと、ニーダーザクセン州の州選挙を横目に、逃げを打つばかりだった。ニーダーザクセン州はフォルクスワーゲンのお膝元、下手なことを言うとここでも票を失ってしまう。CDU／CSU、緑の党、FDPの連立交渉は、こうして右往左往しながら5週間近く続いた。

結論を言うと、この連立交渉は破綻する。11月19日23時49分、ＦＤＰ党首リントナーは待ち構えていた報道陣の前に立ち、短い声明を発表した。最後のフレーズを邦訳する。

「この覚書の真髄となっているものに、私たちは責任を負えないし、負うつもりもありません。それどころか、ここで討議された多くのことは、有害であると思っています。私たちは、自分たちが何年もかかって作り上げてきた基本的政策を手放すよう強制されました。私たちは、根本のところで納得できない政治に加わり、国民を見捨てるわけにはいきません。与党となって間違った政治をするよりも、政権に加わらないほうが良い。さようなら」

そう言って、リントナーは立ち去り、後には凍えた報道陣が残された。彼らが心待ちにしていた緑の党の政権入りは、こうして泡沫の夢となった。

そして、この翌日から、リントナーに対するメディアの大々的なバッシングが始まった。その恨みは深く、ＦＤＰは今日に至るまで、「統治の責任から逃げた卑怯な政党」の汚名を着せられたままだ。しかし、ＣＤＵ／ＣＳＵ、緑の党、ＦＤＰというどう考えても奇妙なパッチワーク政権を、国民は本当に望んでいたのだろうか？　私にはそれが今もわからない。

ＳＰＤの懐柔作戦

さて、この連立交渉が壊れたことで、窮地に陥ったのはメルケルだった。ＡｆＤと左派党を連立相手から除外すれば、過半数を取れる組み合わせはもう無い。一時は、緑の党と過半数割れ政党を作るという話まで出たが、これは流石にメルケルが拒否した。こうなると、残りは嫌がるSPDを再び連立に引き込むしかない。しかし、前述の通り、党首シュルツはSPDは野に下るのだと豪語し、対決姿勢をあらわにしていた。

メルケルは焦った。これではドイツの政治は混沌の淵に落ちてしまう。しかも、自分の首相の座さえ保てないかもしれない。どうすべきか？

そこで、ドイツの安定のためという理由が掲げられ、SPDの懐柔作戦が始まった。大統領までが説得に回った結果、SPDは再び連立政権に返り咲いた。ただ、SPDを翻意させるためにメルケルが支払った代償は大きかった。共同施政方針にはSPDの主張がてんこ盛りになり、労働・社会省、外務省、財務省、家庭省、法務省、環境省という6つの省がSPDのものになった。ちなみに、CSUが得たのは3省、CDUは5省と首相府だ。

なお、この後、連立しても自分は入閣しないと言っていたシュルツが、突然、外相になると言い出し、皆を唖然とさせた。結局、この二枚舌が災いし、シュルツは党首の座を失い、大臣にもなれず、危うく政治生命まで失いそうになった。このSPDの醜い右往左往を、国民は冷ややかな目で眺めていた。

働かずして暮らす人々が

こうして2018年3月14日、総選挙からほぼ半年が過ぎて、ようやくCDU／CSUとSPDの連立内閣が復活した。この第4次メルケル政権が、何が何でも取り組まなければならなかったのは、いまだに解決の目処さえ立たない難民問題だった。

これまでドイツでは難民批判はタブーで、難民をひとまとめに悪者にしてはいけないという理屈が高じて、いわば、難民はひとまとめに善人にされていた。しかし、この頃になるとさすがに、起こっていることを、遠慮がちではあるが、以前よりはありのままに報道するメディアも出始めた。

2月にシュピーゲルTVがアップしたビデオ『1人の主人、2人の夫人、6人の子供』は、かなり衝撃的だった。「1人の主人」というのはアハメット（32歳）。3年前、シリアからやってきた難民で、ハンブルク郊外の部屋数が5つ、浴室が2つある「小さな一軒家」に、2人の妻と6人の子供と共に住んでいる。家は自治体から借り受け、職業安定所が家賃を支払っており、もうすぐ、7人目の子供も生まれる。

「子供は10人でも20人でも欲しい」とアハメット。もちろん妻もゆくゆくは4人が目標で、3人目か4人目の妻は「もちろんドイツ人でもいい。ただしイスラム教徒なら」。レポーターが、「3人目の妻は、どこで寝るのか」とつまらない質問をすると、アハメットは朗らかに笑いながら、「その時は、もっと大きい家が必要だ」と答えた。

私は仰天した。アハメットは働かずして暮らし、「メルケル！　ママ・メルケル！　とても、とても、とてもありがとう！」と感じの良い笑顔で語っていた。その横では可愛い子供たちが飛び跳ね、キッチンではスカーフで髪を隠した2人の若妻が仲睦まじく立ち働き、「ノー・プロブレム。私たちのハズバンドは良い人」と微笑む。1人目の妻は14歳で結婚したという。家の中ではテーブルと椅子を使わず、皆で床に座って食事をする。この日は、ブドウの葉っぱでライスを包んだお料理だった。

付け加えれば、2021年のドイツの子供手当は、第1・2子がそれぞれ219ユーロ、第3子が225ユーロ、第4子からは250ユーロだ。子供が7人いると、これだけで1663ユーロ（約20万円）となる。

難民の数は爆発的に増える

ドイツでは今、貧富の格差が激しい。電気代滞納で電気を止められてしまった所帯が30万戸。何らかの理由で年金がもらえない人、あるいは年金だけでは食べていけない人、貧困に陥ってしまったシングルマザーなどが、売れ残りの食べ物の配給所に列を作っている。ターフェルと呼ばれるこの慈善事業は、1993年に一人の女性がベルリンで始めたのだが、今ではドイツ全土に広がり、配給所の数は2100にも上る。また、自治体が優先的に安い住宅を難民に振り分けるので、低収入者や学生の借りられる住宅も絶対的に不足している。

とりわけ奇妙なのは、アハメットが2人の妻と何の問題もなく暮らしていることだ。なぜ、2人目の妻の受け入れが可能だったのかというと、子供たちは両親の元で暮らすべきだという人権保護の協定があるからだという。ドイツが一夫一婦制であるという法律の方はどこかに飛んでしまったらしい。

旅行者ならまだしも、アハメットは正式な難民資格を得ているので、これからおそらく職を探し、様々な補助を受けながら、長くドイツに住む可能性は限りなく高い。そうなると、将来、この2人の妻の存在はどのように処理されるのか。本来なら重婚はドイツでは犯罪行為だ。付け加えるなら、ドイツでは14歳の少女を妻にすることも犯罪となる。

難民の家族呼び寄せについては、CDU／CSUができるだけ規制しようとし、一方、SPDや緑の党や左派党はできるだけ緩和しようとしている。子沢山のアラブ人のこと、緩和となると、当然のことながら難民の数は爆発的に増えるだろう。

国境や国家が否定的な意味に

もちろん、ドイツ政府も手を拱《こまね》いていたわけではない。難民問題に関して、EUにおけるメルケルの立場は針の筵だった。何らかの打開策を打ち出す必要があったが、しかし、彼女は受け入れ人数の制限を作りたくなかった。そこで考え出したのが、当時、トルコにいた250万人（現在は300万といわれる）の中東難民がEUを目指して地中海に漕ぎ出さないよう、国境を厳重に守ってもらうこと。このルートを断ち切れば、かなりの難民が減ることは確実だった。

メルケルがエルドアン・トルコ大統領と交渉した結果、EUとトルコは2016年、難民協定を結んだ。そして国境警備の見返りとして、EUがトルコ政府に19年までの4年間で計60億ユーロを支払うことが決まった。言い換えれば、EUはドイツのせいでトルコに頭が上がらなくなった。当然、この解決法に嫌悪感を示す国々もあったが、メルケルは必死だった。

それと同時に、他のEU国境の防衛も強化された。要するに、それは2015年、困り切ったハンガリーのオルバン大統領がしたこと、あるいは、トランプ米大統領がメキシコの国境でしようとしていたことと同じだったが、メルケルはEUの国境防衛は善とし、その他は人権無視であるかのように主張した。

２０１８年7月、ベルリン。メルケルとオルバンが共同記者会見の場で睨み合っていた。オルバンは首相に就任して8年も経つが、メルケルの招聘でベルリンを訪れたのは初めてと言うほど、二人は不仲だった。この時も、イタリアやギリシャに溜まってしまっている難民を、EU各国が手分けして引きとるべきだと主張していたメルケルに対し、オルバンはそれを拒絶した。メルケルは、ハンガリーがEUの連帯を妨害していると非難した。

しかし、オルバンはこう言った。「ハンガリーの国境警備隊が国境を守ることをやめれば、ドイツには毎日、4~5０００人の難民が入るだろう。それを防いでいるのが我々だ。我々にとって連帯というのは、こういうことだ」。

対するメルケルの答えは、「ヨーロッパの精神はヒューマニズムである。難民を締め出すのはよくない。連帯が重要」。どちらの言葉が空虚かは、歴然としていた。

ただ、ドイツ人にとって人命救助は崇高なる使命で、彼らの心の中の"refugees welcome"は今も健在だ。だから、これまでNGO船がリビア沖で待ち構えてはボート難民を救い、シャトル便のようにイタリアに運んでいたのだが、その船の入港を、同年6月以来、今度はイタリア政府が拒み始めた。すると、それに対する抗議デモがベルリンで行われるというイタチごっこが続いた。

いずれにせよ、難民問題は今でも解決の目処が立たない。それどころか毎年、冬場に、難民はあちこちで惨劇を引き起こした。ギリシャの島でも、トルコとシリアの国境地帯でも、ルーマニアの森の中でも、保護されない難民たちがしばしば極寒の中で、想像を絶する状況に嵌まり込んだ。しかし、2015年に「困った人を助けて非難されるような国は、私の国ではない」と言い切ったメルケルは、今では「ドイツのスタンドプレーは良くない」と言うばかりで、行動を起こすことはなかった。

しかし、これらの現状とは裏腹に、メルケルの信条は変わっていないと私は見る。彼女はおそらく、もっとずっと先を見ているのではないか。

たとえば、2018年の12月に採択された国連の「移民コンパクト」。これを強力にサポートしたのがメルケルだった。「移民コンパクト」の精神を一言で表すなら、「移民は合法」、つまり、no borders, no nations だ。いつか、「移住の自由」が人権として定着した時、各国が独自の法律で移民の定義を定め、受け入れるか否かを決定する時代は終わるだろう。そうなればメルケルは、国境を取り払った〝人道の先駆者〟だ。それにしても、国境（border）や国家（nation）という言葉は、メルケル政権12年の間に、なんと否定的な意味を帯びるようになったことか。

「連合国家」の覇者へ

ドイツは、世界の多くの国から見れば、途方もなく豊かな国だ。その富を目指して、放っておいても世界中から、難民や移民という名のあらゆる人材が続々と集まってくる。ドイツはその新たな人材でさらに強大になり、ＥＵという新しい「連合国家」の覇者となる。もちろん多文化共生も実現できる。これが、メルケルの描く将来の理想図ではないか。

ただ、下手をすると、ＥＵはそれまで保《も》たない。４世紀から５世紀にかけて、北ヨーロッパにいたゲルマン民族が南下して、西ローマ帝国を滅ぼし、最終的にヨーロッパをズタズタにしたように、今、難民たちは凄まじい勢いで北上中だ。まさに彼らのそのエネルギーによって、ＥＵは分解してしまうかもしれない。

難民は、どんな花が咲くかわからない種のようなものだ。それが凶と出るか、吉と出るかは、おそらく１００年待ってみなければわからない。１００年後のヨーロッパがどうなっているか？　それにしても、メルケルは大変な種を蒔いたものである。

第12章

永遠のメルケル

誰も何も言い出せない

首相にだけ留まる

２０１８年10月末、メルケルは、21年に第４次政権が終わった時点で政界から引退すると表明した。さらに、ＥＵの上級職に移る可能性もはっきりと否定。しかし、引退と言っても、通算16年も政権を担当したことになるのだから、それ自体は不思議でも何でもない。

ところがメルケルはそれに加えて、引退までの２年間は党首を退き、首相にだけ留まると宣言した。表向きには、その前日に行われたヘッセン州の州議会選挙で、ＣＤＵがマイナス11・３％ポイントと壊滅的に得票を減らしたこと、さらに、その少し前のバイエルンの州議会選挙で、やはり同会派のＣＳＵが落ち込んだことに対して責任を取ったのだと言われた。ただ私は、それだけが理由だとは思っていない。彼女はついこの前まで、党首と首相は同一人物であるべきだと主張しており、13年間、自身でもそれを実践してきたのだ。それが突然、その意見を変え、このように変則的なことを望んだ。なぜか？　その答えは簡単だ。

ＣＤＵは、ここ数年来どんどん国民の支持を失っていた。しかも、このトレンドが変わらないことは、ヘッセン州の州議会選挙でもはっきり証明されている。その代わりに伸長しているのがＡｆＤと緑の党であることも、すでに明らかだ。

さらに２０１９年秋には、旧東ドイツの３州、ブランデンブルク、ザクセン、チューリンゲンの州議会選挙が迫っている。ＣＤＵがこれらの州でも大量に票を失えば、面倒なことになるし、当然、党首の責任も問われる。実際問題として、そうなる可能性は非常に高かった。メルケルは、そんな面白くないことを一手に引き受ける気は毛頭なかっただろう。できれば、それらには関わらず、自分は首相として、国際舞台で華やかな外交に専念したい。

貧乏くじを引いたミニ・メルケル

こうして12月の党大会では、アンネグレート・クランプ＝カレンバウアーが新党首に選出された。この時、その対抗馬として立ったのがフリードリヒ・メルツ。その昔、メルケルに院内総務の座を追われた宿敵だが、その彼が、メルケル打倒のチャンスを嗅ぎつけたかのように、やおら立候補したのだ。つまり、彼が党首になっていれば、メルケルが首相の座にそう易々とは居座れなくなった可能性は高かったはずだ。しかし、メルケルにとって幸いなことに、メルツはまたもや敗退。ミニ・メルケルと言われたクランプ＝カレンバウアーが党首に就任したというわけだった。

案の定、翌年の秋の旧東ドイツ3州の選挙では、ＣＤＵとＳＰＤはどちらも壊滅状態となった。ブランデンブルク州では、ＣＤＵは7・4％ポイントのマイナスで、ＡｆＤが23・5％ポイントのプラス。ザクセン州ではＣＤＵが7・3％ポイントのマイナスで、ＡｆＤが

17・8%ポイントのプラス。チューリンゲン州ではCDUは11・8%ポイントのマイナスで、左派党、AfDに敗れ、第1党からなんと第3党に転落してしまった。

AfDがこれだけ伸びたのは、元はと言えば、メルケルの難民政策、もしくは左傾政治に不満を持った保守層がAfDに流れたことが原因と言われている。そして、貧乏くじを引いたのは、予定通りクランプ＝カレンバウアー党首。

ところが2020年の2月になって、チューリンゲン州で、おそらくメルケルでさえ予期していなかっただろう事件が起こる。そして、それによってクランプ＝カレンバウアーはあっけなく吹き飛ぶのである。

「極左」と「極右」の2党が過半数に

実は、この州議会選挙の後、チューリンゲン州では、2月になっても州政府の組閣ができていなかった。3ヶ月以上も手間取っていたのには、もちろん理由がある。

まず、第1党になった左派党というのが、旧東独の独裁政党SEDの流れを引く、要するに極左と見なされている党であったこと。一方、第2党のAfDは、他のすべての政党と主要メディアから極右として糾弾されている党であること。なのに、よりによって、この「極左」と「極右」の2党で、チューリンゲン州議会の過半数が占められてしまった。

さらに、断っておかなければならないことがある。実はチューリンゲン州は、過去5年間（州議の任期は5年）、左派党が政権を握っていたという特殊な州だった。2014年の選挙のあと、第1党だったCDUを差し置いて、2位の左派党が、3位のSPD、5位の緑の党と3党連立を組み、ボド・ラメロウを州首相として、ドイツ初の左派党の州政権を成立させた。

当初は、それが極左政権としてスキャンダルのように叩かれたが、その後の5年間、チューリンゲン州は経済的にも発展し、何より州民がラメロウのファンになった。2019年の選挙前のアンケートでは、左派党の支持者だけでなく、州民の7割がラメロウに「満足」と答えていたから、左派党が第1党に躍進したのは決して偶然ではなかった。州民は左派党に投票したのではなく、ラメロウに投票したのかもしれない。

過半数が取れない連立政権

そんなわけで、今後5年も、この3党連立政権がそのまま継続するだろうと思われていたのだが、選挙結果は前述の通り、左派党の好調とは裏腹に、SPDが瓦解し、これまで通りの3党連立では過半数が取れなくなった。これがそもそもの混乱の始まりだった。

しかも、中道を自認するCDUとFDPは、「極右」のAfD、「極左」の左派党と連立を組むことを断固拒否。一方、SPDと緑の党は、左派党とは組んでもAfDは拒否。つまり、23%もの票を取っているAfDを、すべての党が忌避したため、結局、誰がどのように連立しようとも、それどころか、無理やりの4党連立（CDU、SPD、FDP、緑）にしても、過半数が取れないという状態になった。当然、連立工作は行き詰まった。

結局、すったもんだの末、これまで通りの3党で過半数割れの政権を作るしかないということになり、5日、議会で州首相指名選挙にまでこぎつけたわけだ。1度目の投票で誰も過半数を取れない場合は、2度目の投票。2度目もだめなら3度目。3度目では過半数ではなく、一番得票数の多い候補者が首相として選出されることになる。

立候補したのは左派党のラメロウと、AfDのクリストフ・キンダーファーター。投票ではCDUとFDPの議員が予定通り無効票を投じたため、2度ともラメロウは過半数（46）に満たず、選挙は3度目にもつれ込んだ。

さて、そのとき唐突に、FDPが独自の候補者を立てた。トーマス・ケメリッヒだ。つまり、3度目の選挙は、突然、左派党、AfD、FDPの三つ巴となった。FDPは90議席のうち、たった5議席を占める弱小政党であるが、候補者を立てた理由として、極右と極左の一騎打ちになることを防ぎたかったからだったと言っている。つまり、FDPが中道の精神を示そうとしたということだが、これが真実であるかどうかはわからない。なぜだかは、まもなくわかる。

いずれにしても、この時点では、ＡｆＤの議員は、当然、自党の候補者に投票し、ＣＤＵとＦＤＰはＦＤＰの候補者に投票する。そして、左派党、ＳＰＤ、緑の党がラメロウに投票して最大票を獲得し、過半数割れの左派政権ができるものと、誰もが思っていた。

お飾りの候補が最高得票者になってしまう

ところが、ここでまさかのどんでん返しが起こる。ＡｆＤ議員団が自分たちの候補者ではなく、一致団結してＦＤＰのケメリッヒに投票したのだ。その結果、保守中道のお飾りであったはずの彼が、最高得票者になった。ＡｆＤは、チューリンゲン州に再び極左の政権ができることを阻止したかったというが、それが見事に大成功したわけだ。

選挙結果が発表された瞬間、ケメリッヒは見るからに驚愕していたが、あるいは、これも演技であったかもしれない。と言うのも、このハプニングが、どこまで工作されていたかが未だにわからないからだ。穿った見方をすれば、ＦＤＰが3度目の投票で、突然、ケメリッヒを候補者として立てたこと自体が、すでに怪しい。

しかし、皆が呆気にとられている中、ケメリッヒは動揺を見せながらも、州首相就任を拒否することはなかった。ケメリッヒと握手し、祝辞を述べるＡｆＤの代表。その、してやったりという姿を見つめるラメロウの呆然とした表情。左派党の党派代表の女性議員は、前に進み出たかと思うと、ラメロウに渡すつもりで持っていた大きな花束を、やおらケメリッヒの足元に投げつけた。いくら頭にきたとはいえ、ひどく醜い行為だった。いずれにしても、どのシーンも印象的で、いかにも、シナリオにない出来事が進行していくスリルが漂った。

「この選挙は無効にすべきだ」

ただ、そのあとは案の定、地獄の蓋を開けたような大騒ぎになった。「FDPとCDUがナチ（AfD）の助けで政権を取った」とか「民主主義を壊した」とか「AfDの悪質な陰謀だ」とか、政治家とメディアがすぐさま激しいAfD攻撃を開始した。そして、その日の午後には一部の市民までが州議会前に詰めかけ、〝ナチ〟のAfDだけでなく、それと組んだFDPとCDUのことも激しく糾弾し始めた。

一方、この日のFDPの党首リントナーは、「自分は何も知らなかった」と主張。そのうえ、「（AfDの票で州知事になったが、AfDではなく）CDUと緑の党とともに組閣を試みたい」などと楽観的な希望を述べていた。つまり、この時点においては、FDPは、棚ボタで飛び込んできた政権を返上する気など、全くなかったのである。

ところが翌日、再びどんでん返しが起こる。メルケル首相が遊説先の南アフリカで、「許

アンネグレート・クランプ＝カレンバウアー CDU党首（写真提供：EPA＝時事）

されない（unverzeihlich）ことが起こった。選挙は無効にすべきだ」と発言し、既成事実を一気に覆したのだ。彼女はすでにレイムダックという声もあるが、それは全くの嘘だ。

メルケルと緑の党の相性の良さはすでに述べた。つまり、ラメロウが落選し、緑の党が州政権に入れなくなったことは、当然、メルケルの気に入らなかった。一方、ＡｆＤを蛇蝎のごとく嫌う主要メディアも、メルケルの「鶴の一声」を最大限に利用した。その結果、ＡｆＤは極悪人となり、どのみちメディアに嫌われているＦＤＰのリントナーも姑息で卑怯者の烙印が押され、クランプ＝カレンバウアーまでがＣＤＵ党内の管理責任を問われる事態となった。そして、ついにリントナーも、「自分たちはＡｆＤの陰謀に落ちた」と言い訳をしつつ白旗を掲げ、結局、FDPのケメリッヒ新首相はあえなく辞任となったのである。

何をしても責められない

ただ、この動きに反発する声も、もちろんある。州議会での首相指名選挙とは、各議員個人が自分の良心に基づいて行う無記名投票で、今回起こったことは、法の間隙をついた手法ではあったかもしれないが、現行の法律に違反しているわけではない。だから、本来なら、この選挙を無効にする権限など、メルケル首相はもちろん、誰にもない。なのに、そこらへんをうやむやにし、「モラルに反する」とか「民主主義を壊す」という理由でひっくり返すのは、かえって民主主義を壊すことではないか、という意見だ。しかし現実として、メルケルは何をしても責められることはない。メディアを敵に回さなければ、政治家は無傷でいられるという事実の証明のようなものである。

CDU内の対立を見ないふり

しかし、チューリンゲン州で散った火花は、ベルリンで猛火を引き起こした。なぜか？ おそらく、これにより、党内で長らく燻《くすぶ》っていた問題が白日の下に晒され、隠しおおせなくなったからだろう。

問題とは、次のようなことだ。

CDUは、メルケル政権14年の間に左傾し、次期は緑の党と連立するだろうと言われるほどの反保守の党になりつつある。つまり、CDU内部は、メルケル首相を中心とした左派勢力と、AfDにこれ以上票を奪われないため、CDUを本来の保守の党に戻そうとする勢力、さらには、保守の精神の下、AfDとの共闘の可能性さえ否定しない右派勢力が、水面下でずっと対立していた。CDUは内部でぽっかり割れていたのだ。

しかしメルケルは、その対立を見て見ないふりをし、少しでもAfDを擁護する者は、民主主義を壊す勢力だと決めつけた。結果として、誰も何も言い出せない空気が出来上がり、それは、欠陥だらけの難民政策やエネルギー政策についても、一切の議論を封じ込めることになった。なぜなら、難民政策やエネルギー政策を批判しているのが、AfDだったからだ。最終的にメルケルの権力を守ってきたのは、彼女が作り上げた、この〝何も言えない空気〟だったと言えるかもしれない。

チューリンゲン州で起こったことも、根はまるで同じだ。左派党とAfDに議席の過半数を奪われ、CDUがそのどちらとも連立を組めない以上、与党となるチャンスは最初からゼロだ。当然のことながら、地元CDUでは不満が湧き起こり、左派党と組んでもいいのではないかという勢力と、AfDと組んでもいいのではないかという勢力が形成されたが、中央はどちらも許さなかった。メルケルの掲げる「ＣＤＵは、左派党ともＡｆＤとも連立しない」という不文律は、絶対に守られるべきということになっていたからだ。

ところが実際にはそれが機能しなかった。不文律は綻び、ＣＤＵの権威は失墜した。そもそも、チューリンゲン州でのＣＤＵの動きを、党首であるクランプ＝カレンバウアーが知らなかったということに、皆が驚愕した。こうして、すでにその前から統率力を疑問視されていた彼女に、全責任が覆いかぶさった。

ドイツの政治は左傾していく

クランプ＝カレンバウアーは党首でありながら、実は、次期首相候補の地位さえ保証されていなかった。次の総選挙では、首相候補として立つかもしれないし、立たないかもしれない。こんな曖昧な状況では、当然、党の統率はできない。これが彼女の求心力を弱め、党内の混乱につながったのは間違いなかった。では、そんな宙ぶらりんのところにクランプ＝カレンバウアーを留めおいたメルケルの意図は、いったい何だったのか。クランプ＝カレンバウアーを自分の後継者にするつもりだったのなら、なぜ、彼女が四苦八苦していた一年間、何もしなかったのか。メルケルほどの力があれば、助ける気なら、いくらでも助けられたはずだ。

よほど頭にきたのか、ショックだったのか、クランプ＝カレンバウアーはこのチューリンゲン事件の後、自分は首相候補にはならないし、党首も辞任すると表明（兼任であった国防相だけは続投）。夏までには責任を持って次期党首を決めると宣言したが、党員たちは納得しなかった。一刻も早く党を立て直さなければならないのに、「何を悠長なことを?!」

この混乱で、党内はたちまち群雄割拠となった。もちろん、首相の座を狙うメルツが再び名乗りをあげたことは言うまでもない。

これによりCDUでは、これまで水面下で動いていたものが、突然浮上した。いつまでも、「AfDと左派党に対する防火壁は絶対に必要」などと言っていると、他の州もチューリンゲン州の二の舞になってしまう。つまり、それを避けるため、近い将来、「左派党はすでに中道」などという意見がおもむろに出てきて、左派党が極左の汚名を濯《すす》ぐというシナリオは大いにありうる。それが、メルケルの鶴の一声で起こっても決して不思議ではないと、私は思っている。そうなればCDUは緑の党だけでなく、左派党とも連立が可能となり、ドイツの政治はさらに堂々と左傾していくだろう。

しかし、その反対のことも起こりうる。つまりAfDが市民権を得るというシナリオだ。AfDの主流は極右ではない。しかも現在、国会での最大の野党だし、すでに全ての地方議会でも議席を獲得している。実質的には、唯一の右派政党と言えるかもしれない。

ただ、若い党だけにまだ玉石混交で、確かにナチと言われても仕方がないような人物も混じっている。そして、それら異分子の言動が党全体の足を引っ張るという状況がしばしば起こるため、党本部ではその切り離しに躍起だ。ただ一方で、彼らの問題発言が話題になってかえって支持率が上がるという一面もあり、扱いは難しい。いずれにしても、この問題を解決できれば、普通の政党として根付いていく可能性はあるだろう。

ところが現在、それを絶対に阻止しようという力も強い。ドイツには連邦憲法擁護庁という国内向けの諜報機関があり、反民主的活動、極左、極右活動などの調査をしているが、AfDはここ2年、すでにその調査対象とされている。調査の第1段階では、公開されている資料、インタビュー、公の場所での発言などが精査され、問題ありと判断されると第2段階に進む。第2段階では、憲法擁護庁は公開されているものだけでなく、党員のメールや電話など、すべての通信も検閲できるようになり、党内にスパイも送りこめる。これは第3段階の「党の禁止」の前段階という位置付けなので、ある意味、すでに崖っぷちだ。

2019年、AfDの最右翼派閥の「フリューゲル（翼）」が第2段階の対象となり、党本部はフリューゲルを切り離した。しかし、憲法擁護庁は容赦なく、21年1月15日、AfD全体をも第2段階の監視対象にした。AfDは法廷で争う構えなので、すぐには決着はつかないが、21年は6つの州議会選挙と、総選挙が実施される極めて重要な年だ。選挙戦において、ＡｆＤが手足を縛られる可能性は十分にある。

憲法擁護庁の前長官であったハンス＝ゲオルク・マーセンは、メルケルの難民政策に批判的だった上、政界で吹き荒れていたＡｆＤ叩きに同調しなかったことが災いしたのか、２０１８年、突然、更迭されたという経緯がある。ゼーホーファー内相は当時、この人事に不満で、マーセンを内務次官に〝昇進〟させたところ、激しい批判に晒され、結局、マーセンは全ての職を解かれた。そして、その後任として、現長官のトーマス・ハルデンヴァンクが就任したのだが、その途端にＡｆＤ退治が始まった。ドイツ政界の水面下の動きをつぶさに表す人事のように感じる。

アンタッチャブルなメルケル

２０２１年1月15日と16日、新型コロナでのびのびになっていたＣＤＵの全国党大会が、ようやくオンラインで開催された。全国支部の１００１人の代表が、クランプ＝カレンバウアーの後継者をデジタル投票で選出した。

党首に立候補していたのは、ノートライン＝ヴェストファレン州の現州知事アーミン・ラシェット、メルケルの永遠のライバルであるメルツ、そして、ロバート・リョットゲン議員。リョットゲンは、第２次メルケル政権でちょうど脱原発の決まった時の環境相だったが、その後、地元ノートライン＝ヴェストファレンの州選挙での失態でメルケルの怒りを買い、窓際に追いやられた。今でもメルケルの覚えは悪く、党内での人気も低迷したままなので、なぜ立候補したのか、もう一つわからないところがあった。知名度挽回のためだったという説もある。

一番有力と言われていたのは、メルケルに復讐するためなら魂を悪魔に売ることさえ厭わないかのように見えるメルツ。そのメルツを陰で強く推していたのが、現在、連邦議会の議長を務めている車椅子のショイブレ、78歳。メルケルに首相の地位を奪われながらも、20年間、忠実な僕《しもべ》であり続けた彼の、暗い屈折が見える瞬間だ。結局、メルケル路線継承と思われる候補者はラシェットのみ。そのラシェットは、自分が党首になったら、若手のシュパーン保健相を副首相にすると宣言していた。

オンライン投票の当日、ベルリンの党大会の会場にいたのは、この3人の候補者と、クランプ＝カレンバウアー党首と、パウル・ツィミアク幹事長だった。

さて、この党大会の初日の夜、メルケルがオンラインでスピーチをした。それを「南ドイツ新聞」が「一つの挨拶、二つの謎」というタイトルで記事にした。一つ目の謎は、メルケルがスピーチの中で、クランプ＝カレンバウアーについて、ねぎらいの言葉どころか、言及さえしなかったこと。冒頭に一言、「Liebe(Dear)アンネグレート」という呼びかけが入ったが、その後は無視。常識では考えられない。

2年前、党大会の舞台上で感涙に咽《むせ》ぶクランプ＝カレンバウアーをひしと抱き締めたのは演技だったのか。それともこれは、期待した仕事をしなかった彼女への罰なのか。

二つ目の謎は、「この党大会で、〝未来のための正しい決定がなされること〟、そして〝誇り高き我が党をうまく運営できるチームが選ばれること〟を望む」という言葉。暗にどころか、かなり明確に、チームワークのラシェットを選ぶことが未来のための正しい決定であると示唆している。

メディアにおけるメルケルの影響力は未だに異常に大きいため、その夜のニュースは、「チームとは何か」とか、「チームに一番相応しくないのは誰か」という憶測で持ち切りになった。失言のないメルケルのこと、謎解きが起こることさえ想定済みだったはずだ。

翌日のデジタル投票の直前には、さらに不可解なことが起こった。質問者として名乗り出たシュパーンが、持ち時間いっぱい強烈な応援演説をした。もちろんラシェットのための応援演説だ。聞き終わった後、司会者は明らかに戸惑い、「質問はありませんでした……」と言った。これは重大な反則だったが、しかし、なぜか見逃された。

第1回目の投票ではメルツが1位で、ラシェットが2位だった。しかし、決選投票ではリヨットゲンの票がラシェットに流れ、メルツは敗北した。

ただ、もし、前日のメルケルの「チーム」という言葉がなかったならば？　あるいは、投票直前のシュパーンのあのスピーチが明確に反則だったと指摘されていたならば？　敗れたメルツは、その思いを拭い去ることはできないのではないか。これらは、不正とまではいえなくても、決して公平ではなかったように、私には思える。しかし、それを口にする者は、ついになかった。メルケルはアンタッチャブルなのである。

第13章

シンデレラ・メルケルの落日

艱難辛苦に強いドイツ人

ドイツで最初の新型コロナ感染者が確認されたのが2020年1月27日。ミュンヘン近郊のある企業で、中国から研修に来ていた女性の感染が帰国後に判明。慌ててドイツでの接触者を調べてみたら、社員の家族も含めて芋づる式に計14人の感染者が見つかった。

とはいえ、コロナは当時、遠いアジアでのお話。武漢市が封鎖されようが、武漢のドイツ人が救出されようが、まさかそのウイルスがドイツを襲うとは、まだ誰も思っていなかった。それが一気に変わったのは、ニュースで毎日流れていた武漢の映像が、イタリアやフランスのそれに切り替わってからだ。

ここからの対応は恐ろしく早かった。3月4日、困窮していたイタリアを尻目に、経済相が医療用のマスクや防護服がドイツ国外に出ることを禁じた。フランスやデンマークとの国境も、相手国と相談もなしに閉めた。日頃、ヨーロッパの連帯を唱えているドイツのあまりにも利己的な態度に、EU諸国は皆、呆れ返った。

結局、3月の半ば、憤怒した欧州委員会がドイツの禁輸を解いたが、それまでのあいだ、困った国々は中国に援助を求めた。それどころかオーストリアは中国に飛行機を飛ばして必要物資を入手。それをイタリアにも分けた。ドイツへの当てつけっぽい。3月25日には、ドイツ政府は基本法の規制を一時的に外し、2014年から誇りとしていたプライマリーバランスの黒字をあっさり放棄、1560億ユーロ（約20兆円）という国債発行を決めた。

いずれにしても、艱難辛苦に強いドイツ人、こういう事態では異様に張り切る。医療機関の態勢は着々と整えられ、緊急でない手術は延期、隔離ベッドや集中治療用ベッドを確保。個室を取り上げられた患者が苦情を言えば、看護師が「今は戦時下だ！」と一喝。3月末からの規律正しいロックダウンで、ドイツは最小の被害でコロナ第1波を乗り切った。

ESM提案で赤字国の怒りを買う

しかし、この頃、EUの他の国は大変なことになっていた。元より経済が困窮していたイタリアは、コロナ後、自力での復興は不可能である。そこで浮上したのがEU債のアイデア。EUが共同で公債を発行し、救済資金を捻出する。その恩恵を受けるのは、当然、赤字国の面々なので、赤字国の大将であるマクロン仏大統領は、「これほどEUの連帯の象徴にふさわしいものはない！　コロナが荒れ狂っている今こそ、これを〝コロナ債〟という名で発行しよう」と大いに乗り気だった。

一方、ドイツやオランダ、オーストリアなど財政健全国にしてみれば、これは、大事なクレジットカードを浪費グセのある破産寸前の親戚に渡す行為に等しい。そこで、イタリア救済にはかつてのギリシャと同じくＥＳＭ（欧州安定メカニズム）を適応すべきだと主張し、赤字国の怒りを買った。

ＥＳＭの融資を受けた国は、自国の財政をＥＵ、ＥＣＢ、ＩＭＦといった「占領軍」に乗っ取られ、究極の緊縮財政を押し付けられる。前回の危機の際の占領軍のボスはドイツ人で、ギリシャを過酷に支配した。プライド高きイタリア人がその二の舞を踏むはずはなく、コンテ首相はブチ切れた。「だったら我々は自分でやる！」

これには皆が慌てた。放っておけば、イタリアが中国に接近することは火を見るよりも明らかだった。

梯子を外されたコロナ債の呼び掛け

ドイツメディアが、オランダ、オーストリア、スウェーデン、デンマークの4国のことを「Sparsame 4」と呼ぶようになったのはいつごろからだったか。この言葉は、意訳すれば「ケチな」であるが、ドイツ人は「倹約家の」とか、「質実剛健の」と解釈する。どちらも彼らが美徳とする性格だ。ちなみに、この4国はドイツと同じく、ＥＵへの拠出金が、補助金などで還元されている額よりも多い。

メルケルは当然、コロナ債を求めるイタリアやフランスに対していつも通り、①借金が共有されると、財政規律を緩くしていた国が得をすることになる、②その不始末の尻拭いを、倹約してきた国民に強いることはできない、という理由で拒絶した。コロナ債を進めようとしている人たちはその言葉に怒り、「船が沈没して溺れている人を助ける時に、それまでの人生を正しく生きてきたかどうか訊くのか？」とドイツを責めた。蛇足ながら、この論争は日本人が対岸から見る限り、どっちもどっちである。

ところが、その頑なだったメルケルが豹変し、7月に開かれたEU臨時サミットで、マクロン仏大統領と共に、コロナ復興基金の設立を呼びかけた。総額7500億ユーロの「コロナ債」である。しかも、うち3900億ユーロは返済なしの給付金というから、「倹約家4国」は仰天した。メルケルに派手に梯子を外されたわけだ。

EU国の経済的信用度はまちまちで、ドイツの国債は利息ゼロでも買い手がつくが、多くの国はそうはいかない。つまり、EUが共同で借金をするなら、将来、負債で首が回らなくなることを防ぐため、ドイツを始めとした健全財政の国が保証することに必ずなる。そして、これは、これまでタブーだったEUの財政統合に限りなく近い。

よって、財政健全国から反対意見が噴出したのは無理もなかったが、折しも南欧ではコロナの感染が悲惨さを増していた。だから、反対国は声を上げれば上げるほど、非人道的な姿を晒すことになり、当然、腰砕けとなった。その挙げ句、「給付金の割合を減らし、貸付を増やす」という最後の要求さえも通すことができなかった。

財政統合を望んでいたのではないか

ここで重要なのは、奇しくもこの決定が、ドイツが欧州理事会の議長国であった2020年後期に入ってすぐに行われたということだ。議長国は半年の輪番制で、各国首脳にとって、自国が議長国である間に、いかにEU政治に影響を及ぼすことができるかが、腕の見せ所となる。そして、2020年後半、そのチャンスを手にしていたのがメルケルだった。しかも、21年秋に引退しようという彼女にとって、それはまさに最後のチャンスと言えた。

本来、EUでは、加盟国間の財政移転は禁じられている。これまでそれを盾に、共同債の発行を求める南欧諸国の前に立ちはだかっていたのがドイツだった。

しかし、メルケルはひょっとすると、本当は前々よりEUの財政統合を望んでいたのではないか。皆で税金を集めて、皆で使う。これこそ、究極の「ヨーロッパは一つ」である。しかし、それを借金嫌いのドイツ国民に納得させることは、ほぼ不可能だ。

EUが7年ごとに組む予算の2021~27年分は、すでに1兆ユーロを超えていた。拠出金は人口と経済力に応じて決まるので、ドイツの負担は24%に上る。これさえ国民にとっては多すぎる。ところが、突然、新型コロナが猛威を奮い始めた。イタリアで、軍用トラックが棺を運んでいる映像が、ドイツ人に甚大なショックを与えた。この時が、共同債に誰もが反対できなくなった一瞬ではなかったか。

かくして風向きは変わった。コロナ復興基金と言う名目の下、超巨額の財政出動は、いかにも簡単に進んだ。こうして、「ヨーロッパは一つ」という崇高な理念に向かって、EUが新たな一歩を踏み出したように見えた。これを本当にEU市民が求めているなら、それはそれで良い。

一方、欧州委員会の委員長フォン・デア・ライエン（メルケルの朋友）は、総額7500億ユーロの9割を、「欧州グリーンディール」や「デジタル戦略」と抱き合わせにした。すなわち、融資にせよ、給付にせよ、コロナ救済資金の申請は、ただ復興という使途のためだけではできず、温暖化対策やデジタル化に資するものでなくてはならなかった。これらはどちらも欧州委員会が熱心に進めつつあった産業政策で、フォン・デア・ライエンはそれを、コロナ援助とリンクさせた。こうすれば、コロナ債はドイツ企業の利益にも結びつくかもしれなかった。

いずれにしても、ドイツはクレジットカードを渡してしまった。一瞬、尻込みした自国民を、政府は、融資分はいずれ戻ってくるからと言って宥《なだ》めた。しかし、その返済期限が2058年だということを知っている国民はほとんどいなかった。

「人権よりも商売を取った」

欧州理事会の議長国を司っていたメルケルの、もう一つの目玉が「EUの対中政策の統一」だった。中国企業はEU内で、現地企業と同じ条件で投資できるが、その反対は不可だ。そのため、競うように中国に進出していたEU企業は、様々な不平等に屈することになった。そこで、それを少しでも是正しようと、投資協定の交渉が始まったのが2014年。しかし、それから7年。法治国家でない国との交渉は遅々として進まなかった。

ところが2020年12月30日、それが大筋合意に至ったというニュースが飛び込んできた。ドイツが議長国でいられるまさにギリギリのタイミングだ。フォン・デア・ライエン欧州委員長が朗らかな笑みを浮かべて、「この合意は我々の対中関係（略）にとって最も大切な一里塚」と語っていた。しかし、それを見ながら多くの人は不自然さを感じた。「なぜ、今？」

2020年は中国の様々な暴力が顕著になった年だ。その上、まもなくバイデン政権が成立し、米国とEUで共同の対中政策が敷かれるとの予測もあった。つまり、EUはこの協定を必ずしも今、必要としていなかった。なのに、なぜ、EUは中国に擦り寄らなければならないのか。それも、メルケルが強引に押し切ったという。

合意後、「世界経済の回復を牽引し、グローバル貿易や投資の自由化を促す」と胸を張る習近平国家主席を見ながら、国民は、メルケルは人権よりも商売を取ったと感じたのではないか。そして、それはおそらくドイツ人のプライドをいたく傷つけた。そのせいか、普段ならメルケル批判も中国批判もしないドイツの主要メディアが、この時だけは一斉にこのニュースを否定的に報じた。それを聞きながら、「メルケル首相はやりすぎた」と私は思った。案の定、しばらくすると、その余波が轟々とうねり始めた。

2021年1月25日、ドイツの大手ニュース週刊誌『シュピーゲル』のオンライン版に、「専門家たちが、EU・中国投資協定の停止を要求」というタイトルの記事が出た。それによれば、100人超の著名な中国問題の専門家が、投資協定の中止、もしくは凍結を要求する文書をEUに提出したという。その理由としては、中国の人権侵害と民主主義の抑圧が挙げられた。

ここでは、この協定が中国に対し、「人道に対する犯罪や奴隷労働の中止を保証するために有効な義務を求めていない」ことが強く非難され、さらに、「すでに警戒すべきレベルである現在のEUの中国依存が、さらに動かぬものとなる」という警鐘も鳴らされた。要するに、「絶えず約束を破り続けてきた中国が、投資や貿易についての約束を守ると想像することは、錯覚である」ということだ。

もう誰もドイツを信じない

日本では昨今、「ドイツもようやくインド太平洋領海の安全のために対中包囲網に加わる」というような報道が盛んだ。もちろん、それも真実だが、しかし、話はそれほど単純ではない。ドイツは片手で対中包囲網に加わりつつ、もう一方の手で中国との友好を強化している。ひょっとするとメルケルは、これこそが外交だと陰で胸を張っているかもしれないが、これが最終的にEUの真の利益に繋がるかどうかは疑問だ。

メルケルはこの4年間、米国主導の中国制裁とは一線を画してきた。ただ、これまでは、それをトランプ大統領のせいにすることができたが、バイデン大統領になったら言い訳はできない。互いに民主主義を強調している手前、対中政策でも共闘が必至だ。メルケルは、だったらその前に、ドイツの自動車を中国で確実に売るための何らかの下地を作っておく必要があると考えたのではないか。

この協定が正式に締結されれば、EU企業に対する合弁会社の要件は段階的に廃止される。ドイツの新エネルギー車の現地製造や販売に関しても、ハードルは低くなるだろう。しかし、そうなれば、同じく中国進出の機運が高い米国の自動車会社はどうなるのか。米国の対中制裁が続き、米国のメーカーが、ドイツが漁夫の利を得るのを指をくわえて見ているなどということはありえない。だったら、ドイツと中国が開けてくれるかもしれないこの風穴は、最終的に、アメリカの対中政策の軟化に繋がるのだろうか。バイデンの本音も、メルケルの本音も、まだすべて霧の中だ。

一つ懸念されるのは、これからは、ドイツが国際舞台で人権問題を説いても、誰も本気にしなくなるだろうということ。EUの国々は、メルケルのしたことをちゃんと見ている。16年間のメルケル政治の後遺症は、彼女が政界を去ってから、次第に現れてくるに違いない。

財務省も金融監督庁も機能していなかった——ワイヤーカード事件

メルケルと中国といえば、興味深い動きもある。図らずも、第8章で触れた翼の折れた〝スーパースター〟、ツー・グッテンベルクが絡んでくる。論文盗作問題で政治の表舞台から消えた彼だったが、2020年6月、突然、浮上した。またしても不名誉な形で。

きっかけはワイヤーカード事件だ。これは、オンライン決済サービスのシステムを提供するフィンテック企業で、現在、戦後ドイツ最大の不正会計事件を引き起こしつつある。1999年創業で、最初はポルノや賭博サイトを運営していたというが、デジタル決済の拡大で破格の急成長を遂げた。2005年にはフランクフルト証券取引所に上場、18年にはDAX（ドイツ株価指数）の主要30銘柄に仲間入り。しかし同社には、遅くとも15年から不正会計疑惑があり、英フィナンシャルタイムズが何度もそれを報じていた。

そのワイヤーカード社が中国進出を狙った。2019年9月、メルケルが北京に飛ぶ直前、ツー・グッテンベルクがベルリンでメルケルに会い、ワイヤーカード社の後押しを頼んだ。それを受けたメルケルが、実際に北京でワイヤーカード社に言及した……と、ここまでは事実であることが確認されているという。フィンテックというのはドイツの不得意分野で、米国には遠く及ばない。そのためドイツ政府が、「米国に追いつけ、追い越せ」と前のめりになっていた背景はあるかもしれない。

ところが、9ヶ月後の2020年6月、ワイヤーカード社のバランスシート上にあるはずの19億ユーロ（約2280億円）が実際には無いことが判明。その後の展開は早く、CEOの逮捕と、その相棒の国外潜伏。後者は大量のビットコインを持って逃げたとされる。同社はまもなく倒産し、35億ユーロ（約4200億円）の負債が残された。

現在、議会に調査委員会が設けられ、ツー・グッテンベルクはもちろん、財相までが証人として喚問されている。誰がいつから何を知っていたかということが追及の焦点だが、不可解なのは、下請けの監査法人のみならず、財務省も金融監督庁も一切機能していなかったことだ。それどころか、もし、メルケルまでがあたかもロビイストのように動いたのだとしたら、かなりの醜聞である。すでに金融監督庁の長官は更迭されたが、これだけで済むはずはない。

首相官邸によれば、メルケルは何も知らなかったというが、メルケルが北京でそれについて言及するつもりだったことを、官邸が知らなかっただけではないか。知っていたら、いくら何でも止めただろう。

現役政治家と大金が絡むため、この事件はコールの不正献金疑惑を思い出させる。ただ、当時と異なるのは、今回は政治家もメディアも追及の勢いが弱いこと。ＳＰＤはここ8年、ＣＤＵ／ＣＳＵと連立していたから、下手に動くと天に唾する可能性あり。一方、来期はＣＤＵとの連立で政権入りを狙っている緑の党も、当然、やり過ぎは控えるだろう。この調子では、またＡｆＤとＦＤＰの孤軍奮闘となった上、最後はツー・グッテンベルクに罪が押し付けられることになるかもしれない。

メルケルの後継者は？

前章で、ＣＤＵの党大会の様子を書いたが、メルケルはそのとき初日のスピーチで、「この党大会は、私が首相として参加する最後の党首選びになるだろう」と言った。ところが、実は、その文章に、voraussichtlich という副詞が付けられていた。「今の見込みでは、たぶん」という意味である。

ドイツでは、いまだにメルケルの人気は衰えず、政治家の人気投票ではダントツ1位だ。なぜメルケルの人気だけが、CDUの不人気に連動しないのか、その理由はわからない。この調子では、9月の選挙で落ち目のCDUが与党として生き延びるために、急遽「メルケル力」が必要となる可能性は、ゼロではないかもしれない。彼女はまだ66歳だ。

ラシェットは、メルケル路線継承を唱えて党首には選ばれたが、メルケルの全幅の信頼を背負っているようには見えない。前任者のクランプ＝カレンバウアーの二の舞になっても、おそらくもう誰も驚かない。一方、その影で、CSUの党首、兼バイエルン州知事のゾーダーの名が、しばしば首相候補として口の端に上る。CSUとCDUは同会派なので、CSUの首相も理論上は可能だ。しかし、メルケルがそれを望んでいるとは思えない。

実は、緑の党贔屓のドイツメディアが、〝カリスマあり〟として首相候補に持ち上げようとしているのが、緑の党の代表ロバート・ハーベックだ。緑の党は党首を置かず、男女のコンビが代表を務めるが、片割れのアナレーナ・ベアボックが、自分こそが首相候補だとして、ハーベックと小競り合いをしているという話も聞こえてくる。どちらにしても、自分たちの党が首相を出すという前提であるところが、結構すごい。そして、来期はその緑の党と連立し、緑の党が首相を出すことを望んでいるのがメルケルだという噂は、今も根強い。

1月末、内閣官房長官のヘルゲ・ブラウンが、突然、経済新聞に寄稿し、これからも続くコロナ援助のための資金を捻出するため、憲法を改正しようと提案し、大騒ぎになった。ドイツでは、政府による新たな借金はGDPの0・35%までと決められている。それをはずそうというのが彼の案だったが、自党であるCDUで激しい反発があった。そこで、ブラウンはすぐさまその提案を引っ込めたが、考えてみれば、これを彼が一人でやったとは思えない。影にメルケルがいたと考える方が自然だろう。メルケルは、反応を見たかったに違いない。これを歓迎したのはSPD内の左派と、もちろん緑の党だった。

メルケルが去年、コロナに託《かこつ》けて、EUの財政の舵を大幅な財政出動の方に切ったことはすでに書いたが、ひょっとすると彼女は、CDUの質実剛健な金融政策も、じわじわと緩和の方向に転換させようとしているのかもしれない。それどころか、緑の党は、金融緩和を連立の条件として出してくると思われるので、これはメルケルが彼らに送ったラブコールとも考えられる。一方で緑の党は、CDUにお株を取られることを警戒する必要もあるだろう。

緑の党というのは1979年に結党され、過去にはAfDなど顔負けの内部抗争と分裂の歴史を持つ。現在は環境政党として支持者を拡大中だが、いわばニューレフトの流れを引くだけあって、過激な左翼思想や、他の意見を受け付けない頑迷さも見え隠れする。

ただ、もし、CDU／CSUと緑の党が連立で政権を取るなどということが現実になれば、メルケルは16年間かかってドイツを改造してしまったことになる。米国のバーニー・サンダースや、英国のジェレミー・コービンが達成できなかったものを残して、メルケルは去る。その時、EUのパラダイムは根底から覆るだろう。

2021年秋、私は何が起こっても、もう驚かない。

あるいは……。あるいはメルケルの後継者はメルケル？　私には、彼女が永遠の首相のように見える時がある。

エピローグ

本書は、私が見た20年間のメルケルの歩みをまとめたものだ。この間、ドイツはメルケルが目指す理想の世界に一歩近づいたと感じる。ひっそりと、しかし確実に。

人々に幸せをもたらす真に平等な民主主義の形としてメルケルが夢みるのは、国境がなくなったEUという理想郷で、その中心にはドイツがいるだろう。その信念を国民がひしひしと感じるからこそ、メルケルの人気は落ちないのかもしれない。ただし、それが完成した時、ドイツの基幹産業は事実上の国営と化し、将来のEUの同盟国は米国ではなく、中国に変わっているかもしれない。

蛇足ながら、メルケルには一つだけ誤算があったのではないかとも思う。実は、新型感染症という危機がEUを襲った途端、自国民を守るために真っ先に国境を閉じたのは、2020年の3月の時も、21年の2月の時もドイツだった。これはメルケルにとって、民主主義のやむをえない一時的後退だったのか？　しかも2月末、ワクチン接種が進まないまま、未だにロックダウンを固守するメルケルのコロナ対策は、失敗だったと言われ始めている。

民主主義とは何か？　それが、本書を著すあいだ、常に私の心にあった問いだ。ドイツではこの16年の間に、民主主義の真髄である自由で闊達な討論は萎んでしまったが、国民が意見の一本化を望んでいるなら、それは言論の自由の制限ではなく、民主主義の執行なのか。

おそらくこれから民主主義の解釈をめぐって、激しい論争が始まる。メルケル賞賛の声が高い日本だが、彼女の掲げる世界観に、私たちはいったいどこまで同道すべきか、今こそ熟考する必要があるだろう。

本書で使ったデータはすべて、官庁、研究機関、企業などが公開している資料、あるいは一般の雑誌や日々の報道に依る。他著書からの引用は、できる限り本文中に記した。第5章の、メルケルが１９９０年の総選挙で異例の当選を果たした経緯については、ラルフ・ゲオルク・ロイトとギュンター・ラッハマン共著の『アンゲラ・Mの前半生』の中から多くを引かせてもらったことをお断りしておきたい。その他、メルケルのインタビュー集『わが道』や、ヨゼフ・シュラーマン著『近くから見たアンゲラ・メルケル』なども非常に示唆に富み、学ぶところが多かった。また和書では、三好範英著『メルケルと右傾化するドイツ』、アンドレアス・レダー著『ドイツ統一』、佐藤伸行著『世界最長の女帝メルケルの謎』なども参考にさせていただいた。お礼を申し上げる。

２０２1年9月26日はドイツの総選挙だ。本文でも触れたが、憲法擁護庁は現在、ＡｆＤの監視を強めている。ＡｆＤが牙を抜かれれば、将来のドイツの言論空間は、さらに平坦化が進むだろう。多くの人にこの選挙の重要さに気づいていただきたい。

末尾になったが、私のライフワークとなりつつあるメルケルについて、執筆の機会を作ってくださったＰＨＰ研究所・第一制作部の白地利成様には心より感謝を申し上げる。

マスクの波の閉塞感の中で春を待ちつつ

川口マーン惠美

PHP新書

PHP INTERFACE
https://www.php.co.jp/

川口マーン惠美［かわぐち・まーん・えみ］

作家、ドイツ・ライプツィヒ在住。日本大学芸術学部卒業後、渡独。1985年、シュトゥットガルト国立音楽大学大学院ピアノ科修了。2016年、『ドイツの脱原発がよくわかる本』（草思社）で第36回エネルギーフォーラム賞・普及啓発賞受賞、2018年に『復興の日本人論　誰も書かなかった福島』（グッドブックス）が第38回の同賞特別賞を受賞。他の著書に『ヨーロッパから民主主義が消える』（PHP新書）、『住んでみたドイツ　8勝2敗で日本の勝ち』（講談社＋α新書）、『世界「新」経済戦争』（KADOKAWA）など多数。

PHP新書 1254

メルケル　仮面の裏側
ドイツは日本の反面教師である

二〇二一年三月三十日　第一版第一刷

著者――川口マーン惠美
発行者――後藤淳一
発行所――株式会社PHP研究所
東京本部――〒135-8137 江東区豊洲5-6-52
第一制作部 ☎03-3520-9615（編集）
普及部 ☎03-3520-9630（販売）
京都本部――〒601-8411 京都市南区西九条北ノ内町11
組版――有限会社メディアネット
装幀者――芦澤泰偉＋児崎雅淑
印刷所
製本所――図書印刷株式会社

ISBN978-4-569-84713-9

ＰＨＰ新書刊行にあたって

「繁栄を通じて平和と幸福を」(PEACE and HAPPINESS through PROSPERITY)の願いのもと、ＰＨＰ研究所が創設されて今年で五十周年を迎えます。その歩みは、日本人が先の戦争を乗り越え、並々ならぬ努力を続けて、今日の繁栄を築き上げてきた軌跡に重なります。

しかし、平和で豊かな生活を手にした現在、多くの日本人は、自分が何のために生きているのか、どのように生きていきたいのかを、見失いつつあるように思われます。そして、その間にも、日本国内や世界のみならず地球規模での大きな変化が日々生起し、解決すべき問題となって私たちのもとに押し寄せてきます。

このような時代に人生の確かな価値を見出し、生きる喜びに満ちあふれた社会を実現するために、いま何が求められているのでしょうか。それは、先達が培ってきた知恵を紡ぎ直すこと、その上で自分たち一人一人がおかれた現実と進むべき未来について丹念に考えていくこと以外にはありません。

その営みは、単なる知識に終わらない深い思索へ、そしてよく生きるための哲学への旅でもあります。弊所が創設五十周年を迎えましたのを機に、ＰＨＰ新書を創刊し、この新たな旅を読者と共に歩んでいきたいと思っています。多くの読者の共感と支援を心よりお願いいたします。

一九九六年十月

ＰＨＰ研究所

PHP新書

［政治・外交］

318・319 憲法で読むアメリカ史（上・下） 阿川尚之
426 日本人としてこれだけは知っておきたいこと 中西輝政
745 官僚の責任 古賀茂明
826 迫りくる日中冷戦の時代 中西輝政
841 日本の「情報と外交」 孫崎 享
893 語られざる中国の結末 宮家邦彦
898 なぜ中国から離れると日本はうまくいくのか 石 平
920 テレビが伝えない憲法の話 木村草太
931 中国の大問題 丹羽宇一郎
954 哀しき半島国家 韓国の結末 宮家邦彦
967 新・台湾の主張 李 登輝
979 なぜ中国は覇権の妄想をやめられないのか 石 平
988 従属国家論 佐伯啓思
1000 アメリカの戦争責任 竹田恒泰
1024 ヨーロッパから民主主義が消える 川口マーン惠美
1060 イギリス解体、EU崩落、ロシア台頭 岡部 伸
1076 日本人として知っておきたい「世界激変」の行方 中西輝政
1083 なぜローマ法王は世界を動かせるのか 徳安 茂
1122 強硬外交を反省する中国 宮本雄二
1124 チベット 自由への闘い 櫻井よしこ
1135 リベラルの毒に侵された日米の憂鬱 ケント・ギルバート
1137 「官僚とマスコミ」は嘘ばかり 髙橋洋一
1153 日本転覆テロの怖すぎる手口 兵頭二十八
1155 中国人民解放軍 茅原郁生
1157 二〇二五年、日中企業格差 近藤大介
1163 AI監視社会・中国の恐怖 宮崎正弘
1169 韓国壊乱 櫻井よしこ／洪 熒
1180 プーチン幻想 グレンコ・アンドリー
1188 シミュレーション日本降伏 北村 淳
1189 ウイグル人に何が起きているのか 福島香織
1196 イギリスの失敗 岡部 伸
1208 アメリカ 情報・文化支配の終焉 石澤靖治
1212 メディアが絶対に知らない2020年の米国と日本 渡瀬裕哉
1225 ルポ・外国人ぎらい 宮下洋一
1226 「NHKと新聞」は嘘ばかり 髙橋洋一
1231 米中時代の終焉 日高義樹
1236 韓国問題の新常識 Voice編集部［編］
1237 日本の新時代ビジョン 鹿島平和研究所・PHP総研［編］
1241 ウッドロー・ウィルソン 倉山 満

1248 劣化する民主主義　宮家邦彦
1250 賢慮《けんりょ》の世界史　佐藤 優／岡部 伸
1254 メルケル 仮面の裏側　川口マーン惠美

［歴史］

061 なぜ国家は衰亡するのか　中西輝政
286 歴史学ってなんだ？　小田中直樹
505 旧皇族が語る天皇の日本史　竹田恒泰
591 対論・異色昭和史　鶴見俊輔／上坂冬子
663 日本人として知っておきたい近代史〔明治篇〕　中西輝政
734 謎解き「張作霖爆殺事件」　加藤康男
738 アメリカが畏怖した日本　渡部昇一
748 詳説〈統帥綱領〉　柘植久慶
755 日本人はなぜ日本のことを知らないのか　竹田恒泰
761 真田三代　平山 優
776 はじめてのノモンハン事件　森山康平
784 日本古代史を科学する　中田 力
791 『古事記』と壬申の乱　関 裕二
848 院政とは何だったか　岡野友彦
903 アジアを救った近代日本史講義　渡辺利夫
922 木材・石炭・シェールガス　石井 彰
968 古代史の謎は「海路」で解ける　長野正孝
1012 古代史の謎は「鉄」で解ける　長野正孝
1037 なぜ二宮尊徳に学ぶ人は成功するのか　松沢成文
1057 なぜ会津は希代の雄藩になったか　中村彰彦
1064 真田信之 父の知略に勝《まさ》った決断力　平山 優
1075 誰が天照大神を女神に変えたのか　武光 誠
1085 新渡戸稲造はなぜ『武士道』を書いたのか　草原克豪
1086 日本にしかない「商いの心」の謎を解く　呉 善花
1096 名刀に挑む　松田次泰
1104 一九四五　占守島の真実　相原秀起
1107 ついに「愛国心」のタブーから解き放たれる日本人　ケント・ギルバート
1108 コミンテルンの謀略と日本の敗戦　江崎道朗
1111 北条氏康 関東に王道楽土を築いた男　伊東 潤／板嶋常明
1115 古代の技術を知れば、『日本書紀』の謎が解ける　長野正孝
1116 国際法で読み解く戦後史の真実　倉山 満
1118 歴史の勉強法　山本博文
1121 明治維新で変わらなかった日本の核心　猪瀬直樹／磯田道史
1123 天皇は本当にただの象徴に堕ちたのか　竹田恒泰
1129 物流は世界史をどう変えたのか　玉木俊明
1130 なぜ日本だけが中国の呪縛から逃れられたのか　石 平

1138 吉原はスゴイ　堀口茉純
1141 福沢諭吉　しなやかな日本精神　小浜逸郎
1142 卑弥呼以前の倭国五〇〇年　大平 裕
1152 日本占領と「敗戦革命」の危機　江崎道朗
1160 明治天皇の世界史　倉山 満
1167 吉田松陰『孫子評註』を読む　森田吉彦
1168 特攻　知られざる内幕　戸髙一成[編]
1176 「縄文」の新常識を知れば 日本の謎が解ける　関 裕二
1177 「親日派」朝鮮人　消された歴史　拳骨拓史
1178 歌舞伎はスゴイ　堀口茉純
1181 日本の民主主義はなぜ世界一長く続いているのか　竹田恒泰
1185 戦略で読み解く日本合戦史　海上知明
1192 中国をつくった12人の悪党たち　石 平
1194 太平洋戦争の新常識　歴史街道編集部[編]
1197 朝鮮戦争と日本・台湾「侵略」工作　江崎道朗
1199 関ヶ原合戦は「作り話」だったのか　渡邊大門
1206 ウェストファリア体制　倉山 満
1207 本当の武士道とは何か　菅野覚明
1209 満洲事変　宮田昌明
1210 日本の心をつくった12人　石 平
1213 岩崎小彌太　武田晴人
1217 縄文文明と中国文明　関 裕二
1218 戦国時代を読み解く新視点　歴史街道編集部[編]
1228 太平洋戦争の名将たち　歴史街道編集部[編]
1243 源氏将軍断絶　坂井孝一

[経済・経営]

187 働くひとのためのキャリア・デザイン　金井壽宏
379 なぜトヨタは人を育てるのがうまいのか　若松義人
450 トヨタの上司は現場で何を伝えているのか　若松義人
543 ハイエク 知識社会の自由主義　池田信夫
587 微分・積分を知らずに経営を語るな　内山 力
594 新しい資本主義　原 丈人
620 自分らしいキャリアのつくり方　高橋俊介
752 日本企業にいま大切なこと　野中郁次郎／遠藤 功
852 ドラッカーとオーケストラの組織論　山岸淳子
892 知の最先端　クレイトン・クリステンセンほか[著]／大野和基[インタビュー・編]
901 ホワイト企業　高橋俊介
932 なぜローカル経済から日本は甦るのか　冨山和彦
958 ケインズの逆襲、ハイエクの慧眼　松尾 匡
985 新しいグローバルビジネスの教科書　山田英二

998 超インフラ論　藤井　聡
1023 大変化――経済学が教える二〇二〇年の日本と世界　竹中平蔵
1027 戦後経済史は嘘ばかり　髙橋洋一
1029 ハーバードでいちばん人気の国・日本　佐藤智恵
1033 自由のジレンマを解く　松尾　匡
1080 クラッシャー上司　松崎一葉
1084 セブン-イレブン1号店　繁盛する商い　山本憲司
1088 「年金問題」は嘘ばかり　髙橋洋一
1105 「米中経済戦争」の内実を読み解く　津上俊哉
1114 クルマを捨ててこそ地方は甦る　藤井　聡
1136 残念な職場　河合　薫
1162 なんで、その価格で売れちゃうの?　永井孝尚
1166 人生に奇跡を起こす営業のやり方　田口佳史／田村　潤
1172 お金の流れで読む　日本と世界の未来
ジム・ロジャーズ［著］／大野和基［訳］
1174 「消費増税」は嘘ばかり　髙橋洋一
1175 平成の教訓　竹中平蔵
1187 なぜデフレを放置してはいけないか　岩田規久男
1193 労働者の味方をやめた世界の左派政党　吉松　崇
1198 中国金融の実力と日本の戦略　柴田　聡
1203 売ってはいけない　永井孝尚
1204 ミルトン・フリードマンの日本経済論　柿埜真吾
1220 交渉力　橋下　徹
1230 変質する世界　Voice編集部［編］
1235 決算書は3項目だけ読めばいい　大村大次郎

［社会・教育］

117 社会的ジレンマ　山岸俊男
335 NPOという生き方　島田　恒
418 女性の品格　坂東眞理子
495 親の品格　坂東眞理子
504 生活保護vsワーキングプア　大山典宏
522 プロ法律家のクレーマー対応術　横山雅文
537 ネットいじめ　荻上チキ
546 本質を見抜く力――環境・食料・エネルギー
養老孟司／竹村公太郎
586 理系バカと文系バカ　竹内　薫［著］／嵯峨野功一［構成］
602 「勉強しろ」と言わずに子供を勉強させる法　小林公夫
618 世界一幸福な国デンマークの暮らし方　千葉忠夫
621 コミュニケーション力を引き出す　平田オリザ／蓮行
629 テレビは見てはいけない　苫米地英人
632 あの演説はなぜ人を動かしたのか　川上徹也
681 スウェーデンはなぜ強いのか　北岡孝義
692 女性の幸福［仕事編］　坂東眞理子

706 日本はスウェーデンになるべきか　高岡 望
720 格差と貧困のないデンマーク　千葉忠夫
741 本物の医師になれる人、なれない人　小林公夫
780 幸せな小国オランダの智慧　紺野 登
783 原発「危険神話」の崩壊　池田信夫
786 新聞・テレビはなぜ平気で「ウソ」をつくのか　上杉 隆
789 「勉強しろ」と言わずに子供を勉強させる言葉　小林公夫
792 「日本」を捨てよ　苫米地英人
819 日本のリアル　養老孟司
823 となりの闇社会　一橋文哉
828 ハッカーの手口　岡嶋裕史
829 頼れない国でどう生きようか　加藤嘉一／古市憲寿
832 スポーツの世界は学歴社会　橘木俊詔／齋藤隆志
847 子どもの問題　いかに解決するか　岡田尊司／魚住絹代
854 女子校力　杉浦由美子
857 大津中2いじめ自殺　共同通信大阪社会部
858 中学受験に失敗しない　高濱正伸
869 若者の取扱説明書　齋藤 孝
870 しなやかな仕事術　林 文子
888 日本人はいつ日本が好きになったのか　竹田恒泰
897 生活保護vs子どもの貧困　大山典宏
987 量子コンピューターが本当にすごい　竹内 薫／丸山篤史[構成]
994 文系の壁　養老孟司
997 無電柱革命　小池百合子／松原隆一郎
1022 社会を変えたい人のためのソーシャルビジネス入門　駒崎弘樹
1025 人類と地球の大問題　丹羽宇一郎
1032 なぜ疑似科学が社会を動かすのか　石川幹人
1040 世界のエリートなら誰でも知っているお洒落の本質　干場義雅
1059 広島大学は世界トップ100に入れるのか　山下柚実
1073 「やさしさ」過剰社会　榎本博明
1079 超ソロ社会　荒川和久
1087 羽田空港のひみつ　秋本俊二
1093 震災が起きた後で死なないために　野口 健
1106 御社の働き方改革、ここが間違ってます！　白河桃子
1125 『週刊文春』と『週刊新潮』闘うメディアの全内幕　花田紀凱／門田隆将
1128 男性という孤独な存在　橘木俊詔
1140 「情の力」で勝つ日本　日下公人
1144 未来を読む　ジャレド・ダイアモンドほか[著]
大野和基[インタビュー・編]
1146 「都市の正義」が地方を壊す　山下祐介

1149 世界の路地裏を歩いて見つけた「憧れのニッポン」 早坂 隆
1150 いじめを生む教室 荻上チキ
1151 オウム真理教事件とは何だったのか？ 一橋文哉
1154 孤独の達人 諸富祥彦
1161 貧困を救えない国 日本 阿部彩／鈴木大介
1164 ユーチューバーが消滅する未来 岡田斗司夫
1183 本当に頭のいい子を育てる 世界標準の勉強法 茂木健一郎
1190 なぜ共働きも専業もしんどいのか 中野円佳
1201 未完の資本主義
ポール・クルーグマンほか［著］／大野和基［インタビュー・編］
1202 トイレは世界を救う
ジャック・シム［著］／近藤奈香［訳］
1219 本屋を守れ 藤原正彦
1223 教師崩壊 妹尾昌俊
1229 大分断 エマニュエル・トッド［著］／大野 舞［訳］
1231 未来を見る力 河合雅司
1233 男性の育休 小室淑恵／天野 妙
1234 AIの壁 養老孟司
1239 社会保障と財政の危機 鈴木 亘
1242 食料危機 井出留美
1247 日本の盲点 開沼 博
1249 働かないおじさんが御社をダメにする 白河桃子
1252 データ立国論 宮田裕章

［**思想・哲学**］

032 〈対話〉のない社会 中島義道
058 悲鳴をあげる身体 鷲田清一
086 脳死・クローン・遺伝子治療 加藤尚武
204 はじめての哲学史講義 鷲田小彌太
468 「人間嫌い」のルール 中島義道
492 自由をいかに守るか ハイエクを読み直す 渡部昇一
856 現代語訳 西国立志編 サミュエル・スマイルズ［著］／
中村正直［訳］／金谷俊一郎［現代語訳］
1117 和辻哲郎と昭和の悲劇 小堀桂一郎
1159 靖國の精神史 小堀桂一郎
1215 世界史の針が巻き戻るとき マルクス・ガブリエル
1251 つながり過ぎた世界の先に
マルクス・ガブリエル［著］／
大野和基［インタビュー・編］／髙田亜樹［訳］